**Il linguaggio non sembra avere alcun**
Language does not seem to play any part
**ruolo nel mio meccanismo di pensiero.**
in my thinking mechanism.
**Il mio meccanismo di pensiero consiste**
My thinking mechanism consists of images.
**di immagini.**


**Albert Einstein**

**FRANCESCO DONDINA**

# SEGNI E SOGNI
# SIGNS AND DREAMS

a cura di / edited by
**MORENO GENTILI**

Testi / Texts

Moreno Gentili
Massimo Pitis

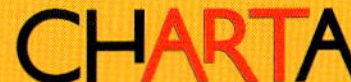

CHARTA

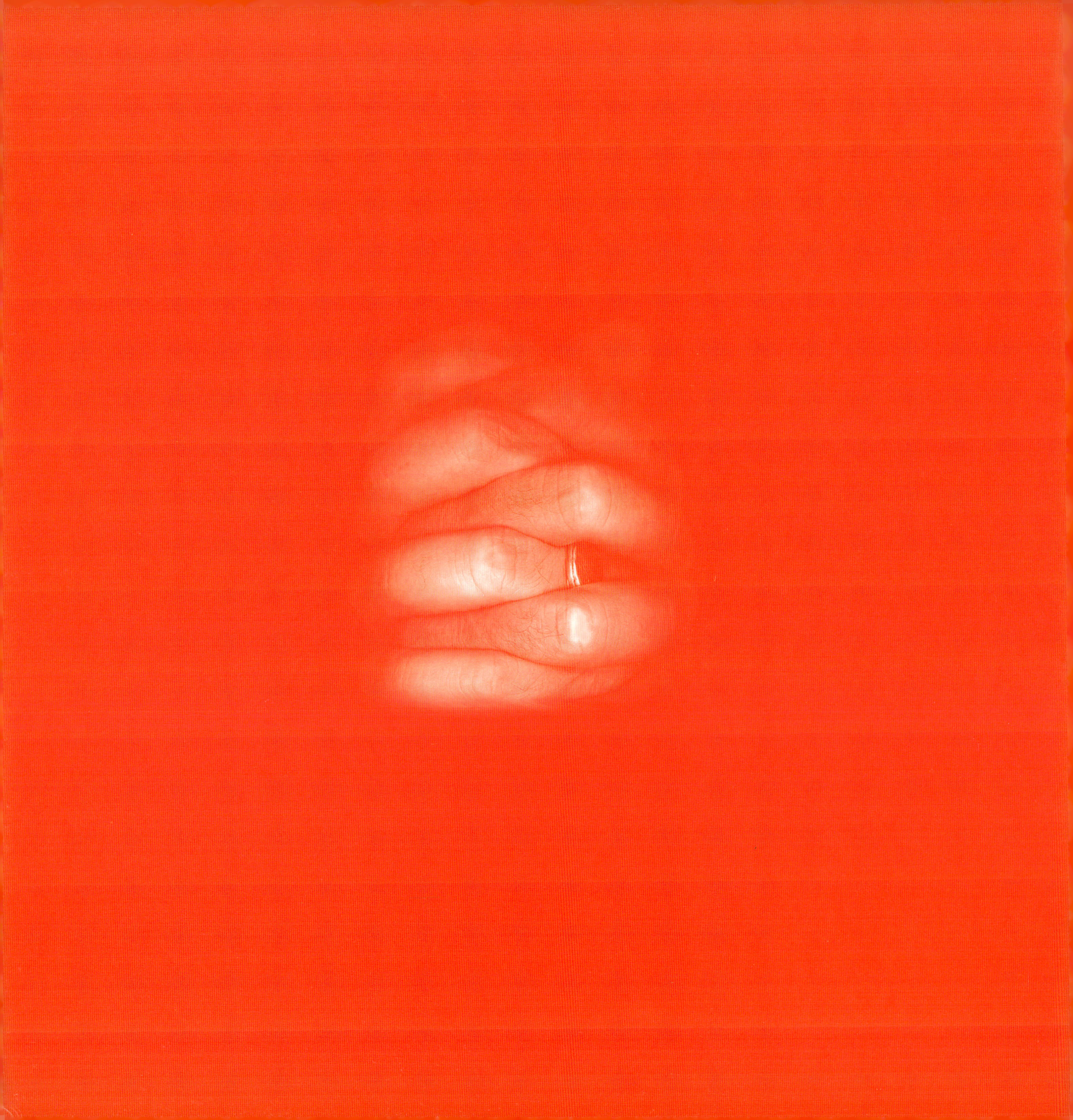

A Ginevra e Olivia, sempre con me / For Ginevra and Olivia, always with me

Progetto grafico / Design
Francesco Dondina

Coordinamento redazionale / Editorial Coordination
Emanuela Belloni

Redazione / Editing
Emily Ligniti
Filomena Moscatelli

Traduzione / Translation
Karel Clapshaw

Referenze fotografiche / Photo credits
Francesco Dondina
Rossella Cominotti

Copertina / Cover
*Talento, 2003*

Retro di copertina / Back cover
*Ritorni, 2003*

Copy e Ufficio stampa / Copywriting and Press Office
Silvia Palombi Arte&Mostre, Milano

Grafica Web e promozione on-line
Web Design and Online Promotion
Barbara Bonacina



ISBN 88-8158-521-9

Edizioni Charta
via della Moscova, 27
20121 Milano
Tel. +39-026598098/026598200
Fax +39-026598577
e-mail: edcharta@tin.it
www.chartaartbooks.it

Printed in Italy

**Noi siamo fatti della stessa sostanza**
We are such stuff As dreams are made on . . .
**dei sogni...**


**William Shakespeare**

*La Tempesta* / *The Tempest*

**APPUNTI DI UN VISIONARIO / NOTES OF A VISIONARY**

"È da Dio che ci viene quest'Arte ingegnosa/ di dipingere la parola e di parlare agli occhi/ e per mezzo di tratti diversi di segni tracciati,/ dare colore e corpo ai pensieri". Così scriveva Georges de Brébeuf verso la metà del Seicento, nella traduzione in rima baciata del poema latino *Farsaglia* di Marco Anneo Lucano sulla guerra civile tra Cesare e Pompeo.[1]
Non so se sia Dio a darci quest'Arte ingegnosa, ma sono d'accordo con de Brébeuf che la scrittura sia l'arte di dipingere le parole attraverso i segni. Ma qual è l'arte di dipingere i sogni? Conchiglie che diventano occhi, alberi che diventano braccia, cielo che si fa corpo, corpo che si fa paesaggio.
Visioni quotidiane, ricordi antichi, emersioni e rigurgiti di un'esperienza visiva che mi accarezza da quando bambino guardavo il cielo trasformarsi in oggetti, corpi, animali, e oggi ritrovo sempre quel cielo. Lo sforzo di questo lavoro è quello di raccontare ciò che accade o può accadere nel territorio di confine dove forme e visioni si confondono in un caos ancestrale e sedimentano nella memoria per emergere nel quotidiano. Ecco il presente della mia memoria, visione come incontro, rivelazione, disvelamento di mondi appena sfiorati e timidamente evocati.
Mondi possibili, mondi veri. La forma della natura diventa corpo, il corpo ritorna natura e poi segno.
Un divenire continuo, una metamorfosi perenne dove l'occhio è fisso sul possibile.

Francesco Dondina

1. Giovanni Lussu, *La forma della scrittura*, "Progetto grafico 1", luglio 2003.

"It is from God that we receive this ingenious art / of depicting the word and speaking to the eyes / and, by drawing signs with various strokes, / giving color and body to thoughts." This is what Georges de Brébeuf wrote in the middle of the seventeenth century, in his translation in rhyming couplets of Marcus Annaeus Lucanus' great Latin poem *Pharsalia* about the civil war between Caesar and Pompey.[1]
I do not know if it is God who has given us this ingenious art, but I agree with de Brébeuf that writing is the art of depicting words through signs. But what is the art of depicting dreams? Shells that become eyes, trees that become arms, a sky that becomes a body, a body that becomes a landscape.
Everyday sights and old memories emerging and reappearing from a visual experience that has delighted me ever since, as a child, I watched the sky transform itself into objects, bodies, and animals, and now I still find the same sky. The endeavor of this work is to tell what happens or may happen in the borderland where shapes and sights merge into an age-old chaos and accumulate in the memory to emerge in everyday reality. This is what is present in my memory, seeing as encounter, discovery, and revelation of worlds barely touched and timidly evoked.
Possible worlds, true worlds. The form of nature becomes body, the body returns to nature and to sign.
Constant transformation, a perennial metamorphosis where the eye is fixed on the possible.

Francesco Dondina

1. Giovanni Lussu, "La forma della scrittura," *Progetto grafico*, no. 1, July 2003.

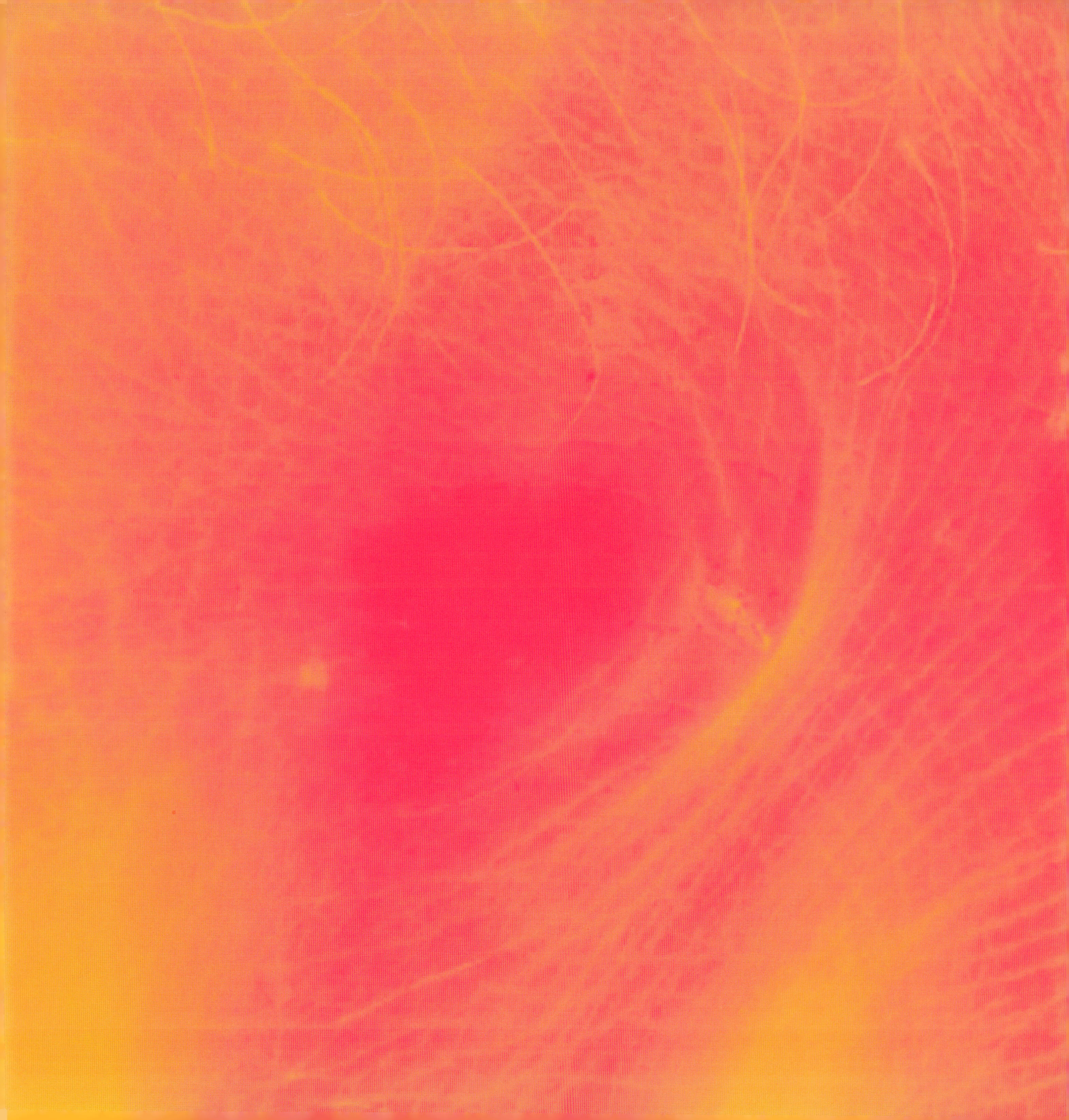

eye

moreno gentili

## SEGNI, SOGNI E CODICI, NELLA LIBERTA' DELL'INTUIZIONE

Non esisterebbe una storia della grafica propriamente detta se non avessimo, come specie animale, il bisogno di comunicare in termini di segni che, nel tempo, sono divenuti veri e propri codici di conoscenza e comportamento. Un insieme di simboli dove valgono quei connotati storici, di suggestiva bellezza, che hanno dato vita alla scrittura, alla nascita del concetto di font in cui emerge il "disegno del carattere", la grazia ed estetica che ne derivano, ma anche una poetica di fondo ancora oggi, in tempi di tecnologia imperante, sempre indispensabile. In questo sono stati maestri di assoluto rilievo cinesi e giapponesi, dove la scrittura, accompagnata a una riflessione interiore (Shuren), era esercizio ritmico per un pieno controllo del pensiero e della calligrafia, ma anche egizi e altri popoli arabi quando realizzavano nell'uso dei caratteri vere e proprie attività di ornamento. E cosa dire dei romani, di cui ancora oggi, in buona parte del mondo, sono ancora in uso i caratteri da loro studiati? E la scrittura dell'impero romano non è stata certo poco influente poiché è risultata determinante sulla nascita di caratteri quali il Garamond, nato nel Cinquecento, o il Palatino, l'Elzeviro, il Times, l'Helvetica, il Futura e altri che sono utilizzati per dialogare e operare ancora oggi in termini universali.

Ma questa appartiene anche al mondo della scrittura e il campo delle sue regole è noto a tutti. Quello che invece qui, nel percorso di Francesco Dondina, diviene interessante, appartiene a quella sperimentazione condotta dagli artisti che operano in grafica per riuscire a spostare in avanti il piano della comunicazione tra esseri umani. Una ricerca che continua da sempre a opera di grandi maestri in molte discipline creative e visionarie, capaci di cercare un contatto con l'immaginario collettivo e stimolarlo visivamente, indurlo – appunto – anche a sognare.

Il punto, qui, si fa profondo e vasto fino all'infinito poiché uno dei nodi di crescita della nostra specie si nasconde in quelle regole di segni e codici – e con Freud anche i sogni – che stabiliscono il contatto tra esseri umani. E per estendere una riflessione sul tema, ma anche per riflettere in termini di immaginazione, proviamo a prescindere, per una volta, dalle convenzioni e dagli stili riconosciuti dei maestri celebrati nell'arte, nella grafica e nella fotografia, ma anche – perché no? – della politica, del cinema, della guerra, dell'economia, della scienza e di quant'altro si avvale di codici di comunicazione per dare vita alla nostra stessa storia di specie umana. Già, proviamo a… prescinderne. Si, ma è possibile farlo? No, o forse riusciremmo soltanto raffigurandoci un mondo dove miliardi di esseri umani impegnati – nel bene o nel male – a convivere, si ritrovino isolati gli uni dagli altri e condannati a vagare in una oscurità di contenuto, oltre che di metodo, per sopravvivere. Questa terribile visione potrebbe però essere la trama di un romanzo di Dick, o di Auster, ma certo non è la realtà di oggi. No, è opportuno ammettere quanto sia davvero impossibile immaginare l'umanità priva di quei codici segnici che ne determinano il flusso costante della quotidianità.

In *Segni e Sogni*, si entra dunque in un campo davvero insostituibile quale è quello della sperimentazione segnico-grafica per eccellenza. Un campo di libertà creativa, di intenzione etica e civile, dove l'autore risponde al bisogno di comunicare cercando un proprio codice di contatto con la specie a cui appartiene. Ricordate il film in cui recita Truffaut, *Incontri ravvicinati del terzo tipo*, dove sono i suoni a tracciare e cercare con speranza una via di dialogo? Ecco, è l'esempio calzante per rappresentare un modo di essere, di vivere, di lasciarsi andare tanto nel segno quanto nel sogno di Francesco Dondina.

La sperimentazione segnica è un ambito creativo dove artisti di ogni epoca hanno creato codici indelebili nell'imma-

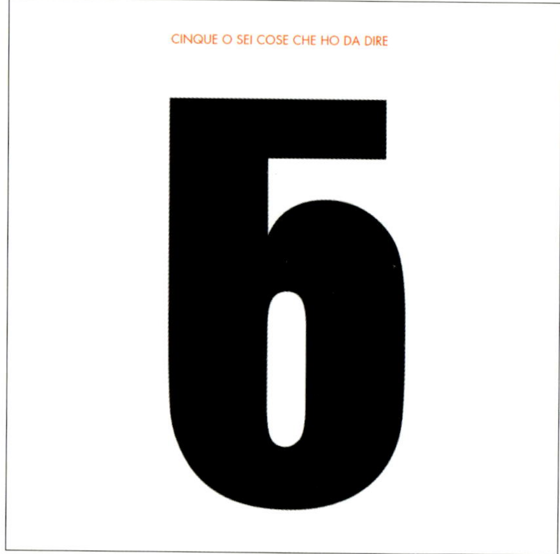


ginario collettivo universale e a cui, oggi, si deve una libertà di pensiero e immaginazione, ma anche di sguardo esteriore e interiore. Come non pensare a quei codici, di segno
e sogno, legati all'immaginario di Arcimboldi, Kandinskij, Bacon, Blake, Bosch, Chagall,
Dalì, Ernst, Fussli, Munch, Fontana, Ligabue, Gina Pane, Schifano, solo per citarne alcuni
tra i classici, moderni e contemporanei. "Con Duchamp si ha una completa divaricazione
fra segno e giustificazione del segno, tra apparenza e ruolo"[1], scrive Franco Vaccari,
altro grande artista cha ha saputo spostare, come Duchamp, il limite sperimentale del
segno in arte.
E per venire alla grafica vera e propria – terreno di sperimentazione di Francesco Dondina
– ma libera dalla connotazione della scrittura, dove cioè il segno assume un valore grazie
a quella capacità di avvolgere messaggio e contenuto in un'unica chiave di interpretazione dataci dall'artista, come non rendere un omaggio a maestri che hanno restituito una
vibrante scossa di pensiero al nostro universo segnico contemporaneo? Maestri quali Albe
Steiner, A.G. Fronzoni, Milton Glaser, David Carson e molti altri, hanno ampliato i confini
della grafica grazie alla loro capacità di superamento dei codici di una cultura accademica dello sguardo, delle norme di un sistema che troppo spesso fa della normalità un osta-
colo all'eccezionalità.
È inteso che questa capacità di superamento dei codici non appartiene soltanto a chi si occupa di immagini, ma
certo vive in quelle particolari figure, dotate di una irrequietezza di fondo, che non permette loro di disconoscere la
curiosità come valore costante di riferimento.
"Il sole potrei ancora godermelo, ma il parco sta scomparendo a poco a poco dalla mia mente... Così resto nella
camerata, rannicchiato sulla branda... Perché le mie notti interrotte mi lasciano una gran voglia di prolungare il
tempo dell'oblio..."[2]. Sono parole di un grande sognatore quale è stato T.E. Lawrence, in arte – anzi, in azione –
Lawrence D'Arabia. Una figura che ha immaginato in grande e ha lasciato un segno preciso nella storia e a cui si
deve oggi una delle possibilità di lettura dei conflitti moderni del mondo arabo e che coinvolge ormai il mondo inte-
ro. Certo il punto non è pertinente con il libro qui presentato, ma lo è con la capacità di intravedere, di immaginare,
di seguire un sogno – in questo caso quello dell'unione delle tribù arabe contro il dominio turco nei primi decenni del
Novecento – che è racchiuso in quelle figure irrequiete di ogni tempo. Ma il punto è proprio questo, chiedersi cioé
quanto sia possibile andare oltre, superare codici già connotati e acquisiti per oltrepassare quella cultura formalmen-
te accademica, che non disturba, per spostare in avanti, anche d'un tratto di penna, il piacere della conoscenza.
Le parole di T.E. Lawrence, le sue azioni, i rischi assunti nelle proprie scelte di vita, ci fanno pensare che il limite sia
sempre superabile, oltre ogni barriera anche plausibile. È questo lo sguardo dell'artista: rompere i codici, sviluppare
quella capacità di decrittare l'umanità intera usando, alternativamente o insieme, segni e sogni.
"Questa condizione è quella stessa in cui avviene una certa vibrazione della persona, un ribaltamento delle vecchie
letture, una scossa del senso, lacerato, estenuato sino al suo vuoto insostituibile, senza che l'oggetto cessi mai di
essere significante, desiderabile. La scrittura è, in definitiva, a suo modo, un *satori*; il *satori* (l'accadere zen) è un
sisma più o meno forte (per nulla solenne) che fa vacillare la conoscenza, il soggetto: provoca un vuoto di parola",
scrive Roland Barthes[3]. Sono parole che definiscono con esattezza scientifica la caducità di un sistema a fronte di
una scoperta che ne metta in discussione il suo status esistente. È in quel vuoto di parola il significato che racchiude

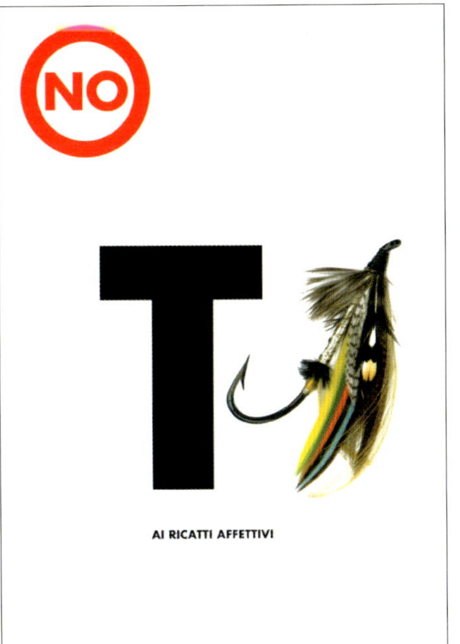


un codice capace di spostare in avanti i termini di comunicazione dell'artista. Una rivoluzione non sempre indolore, tanto per lui quanto per il sistema che la subisce, ma che lascia tracce preziose su cui è poi successivamente possibile innestare altre intuizioni e scoperte.

"Gli artisti… sfruttano spesso, a scopi estetici, le ricerche degli scienziati, soprattutto quando si tratta di ricerche riguardanti i meccanismi della visione"[4] scrive Tonino Casula in un interessante libro dove si analizzano i meccanismi della visione e dell'interpretazione. Come a dire che a vivere di segni e sogni, quindi di intuizioni che favoriscono l'emergere di codici, sono chiamati tutti coloro che fanno della ricerca – intesa qui come capacità di mettersi in gioco – uno stile di vita che di nulla ha paura se non della caducità di quella tensione interiore che lo mantiene in vita. "Se tutto è diventato arte oggi (l'imballaggio, la mostra, l'animazione, il grafismo, il design, la fotocopia, l'acconciatura, la profumeria, la cucina) e se *tutti sono artisti* (Beyus), non è che il registro è esaurito?"[5] ci chiede giustamente Régis Debray quasi a stimolarci ulteriormente. Il punto è non perdere la bussola in funzione di una sirena che in realtà tace sulla violenza del mondo. E questo lo si rimette in discussione con l'azione civile di un linguaggio ortodosso, innovativo e anche furioso per certi versi quale è quello di Francesco Dondina. Meritano una citazione a riguardo due suoi lavori precedenti, non pubblicati in *Segni e Sogni*, e precisamente una copertina della rivista di arte contemporanea "Clandestino arte"[6] e un manifesto dei "365 NO"[7] dove sono riportati due concetti precisi e molto attuali: "No ai ricatti affettivi" e "Cinque o sei cose che ho da dire". Frasi che non rappresentano certo un'intenzione estetizzante ai fini di un manifesto carico di colori, immagini e quant'altro occorra a esprimere una capacità grafica *tout court*, ma che restituiscono una tensione creativa carica di impegno umano e civile.

In *Segni e Sogni*, l'autore ci porta in viaggio dentro un immaginario dove il confronto può avvenire se accettiamo tesi e antitesi dell'osmosi tra immagine e parola, tra contenuto e dichiarazione poetica/politica. Un contesto suggestivo dove nulla è lasciato al caso, nemmeno l'uso del colore, dello sguardo, della curiosità, dei suoni, dell'amore e della potenza che questo sentimento può esprimere per noi tutti.

"La luce dentro", recita un'immagine, anzi una parte di questo cosmo interiore che l'autore ha rivelato in un tempo più o meno breve attraverso un'esperienza sentimentale con la vita particolarmente profonda, sofferta e intensa. Un nodo centrale della nostra esistenza, questa "luce", che non può emergere se non grazie a uno sforzo di sincerità assoluta, angolare rispetto a una visone tradizionale, nascosta rispetto a una verità normale, crepuscolare rispetto a una illuminazione tradizionale. Così il carico tonale, scelto dall'autore per inseguire i propri segni, equivale al carico affettivo per rappresentare i propri sogni. Una questione di linguaggio trasparente, ritmico, non ancora stanco di creare qualcosa perché dovuto a un esclusivo committente ma alla comunità intera. Un linguaggio che nel divenire delle sue parole pone con progressiva insistenza una domanda sempre più precisa: per quanto ancora l'umanità potrà vivere di segni e sogni se non torna a riflettere sul suo presente?

E non è una domanda da poco.

1. Franco Vaccari, *Fotografia e inconscio tecnologico*, Punto e virgola, Modena 1979.
2. T.E. Lawrence, *Lo stampo*, Adelphi, Milano 1996.
3. Tonino Casula, *Tra vedere e non vedere*, Einaudi, Torino 1981.
4. Roland Barthes, *L'impero dei segni*, Einaudi, Torino 2002.
5. Régis Debray, *Vita e morte dell'immagine*, Il Castoro, Milano 1999.
6. A cura di Marina Mojana, "Clandestino Arte" n. 4, 2003.
7. A cura di Moreno Gentili, "365 NO", AGF, Udine 2002.

**SIGNS, DREAMS, AND CODES, IN THE FREEDOM OF INTUITION**


There would be no history of graphic arts as such if we, as an animal species, did not feel the need to communicate in terms of signs that with time have become genuine codes of knowledge and behavior. A set of symbols in which value is attached to historical connotations of enchanting beauty that have given life to writing and the concept of the font, and this in turn has produced "letter design" with its attendant charm and esthetics, and also an underlying poetics that is always indispensable, even now in these times of out-and-out technology. In this respect there have been artists of great importance among the Chinese and Japanese, for whom writing accompanied by internal reflection (Shuren) is a rhythmic exercise that aims at full control of thought and calligraphy, and also among the Egyptians and other Arab cultures, with their use of characters for ornamentation. And what of the Romans and the letters they studied, still in use in many parts of the world even today? The writing of the Roman Empire has certainly exercised no little influence, making a decisive contribution to the creation of typefaces such as Garamond, which first appeared in the sixteenth century, or Palatino, Elzevir, Times, Helvetica, Futura, and others, which are still used to communicate and work in universal terms.

It also belongs to the world of writing, however, with its range of rules that are known to all. Yet what is interesting in the course that Francesco Dondina follows has to do with the experimentation of those who work in the field of graphic arts and attempt to advance the plane of communication among human beings. An exploration that forges on, giving rise to works by great artists in many creative and visionary disciplines who are capable of seeking out a point of contact with the collective imagination and stimulating it visually—perchance to dream!

Here the matter at hand becomes infinitely deep and vast, for one of the points of growth for our species lies concealed within the rules of signs and codes—and also, since Freud, dreams—that establish contact among human beings. And now, in order to extend our reflection on this point and also to reflect on imagination, let us try for once to set aside the recognized styles and conventions of celebrated exponents of art, graphics, and photography, and also—why not?—of politics, films, war, economics, science, and whatever else makes use of communicative codes to breathe life into our history of the human species. Let us try, then, to set them aside. But can it be done? The answer is no—or perhaps we would only succeed in doing so if we imagined a world where billions of human beings caught up in the business of living together, for better or worse, found themselves isolated from one another and condemned to wander about in an obscurity of content and method in their effort to survive. This appalling vision might be the theme for a novel by Dick or Auster, but it is certainly not our present reality. No, we are bound to admit that it would be quite impossible to imagine humanity deprived of the codes and signs that determine the constant flux of everyday activity.

This means that in *Signs and Dreams* we are entering a truly irreplaceable field of graphic experimentation with signs par excellence. A field of creative freedom, with ethical and civil aims, in which the artist responds to the need to communicate, seeking his own code to make contact with the species to which he belongs. Do you remember the film in which Truffaut describes "close encounters of the third kind," where dreams seek and mark out a hopeful path for dialogue? It is a very fitting example to represent a way of being and living, of letting oneself make one's way into Francesco Dondina's signs and dreams.

Experimentation with signs is a creative area in which artists have created enduring codes of the universal collective imagination in all ages. Today, we are indebted to this area for freedom in how we think and imagine, and also in how we see externally and internally. Inevitably we are reminded of the codes of signs and dreams bound up with the world of imagery in Arcimboldi, Kandinsky, Bacon, Blake, Bosch, Chagall, Dalí, Ernst, Füssli, Munch, Fontana, Ligabue, Gina Pane, and Schifano, to mention just a few names of classical, modern, and contemporary artists. "With Duchamp there is a complete divergence between the sign and the justification of the sign, between appearance and role,"[1] writes Franco Vaccari, another great artist who, like Duchamp, has succeeded in shifting the experimental boundary of the sign in art.

Turning, now, to graphic arts as such—the field in which Francesco Dondina experiments—but freed from the connotation of writing, in other words, where the sign acquires a value through its ability to envelop message and content in a single interpretative key that the artist gives us, we are also bound to pay tribute to those great individuals who have given a vibrant jolt of thoughtfulness to our contemporary world of signs. Artists and designers such as Albe Steiner, A.G. Fronzoni, Milton Glaser, David Carson, and many others have broadened the boundaries of graphic arts by their ability to go beyond the codes of an academic culture of ways of seeing and the norms of a system that all too often makes normality an obstacle for exceptionality.

It must be understood that this ability to go beyond codes is not the exclusive property of those who deal with images but is also found in particular individuals endowed with an underlying restlessness that will not allow them to ignore the constant reference point of curiosity.

"The sun I could still enjoy, but the park is gradually disappearing from my mind . . . So I stay in the dormitory, huddled on the camp bed . . . Because my broken nights leave me with a great desire to prolong the time of oblivion . . . "[2] These are the words of a great dreamer, T.E. Lawrence, who in art—and also in action—was Lawrence of Arabia. Someone whose imagination worked on a grand scale and who left a precise mark in history; we are indebted to him for one of the possible readings of the modern conflicts in the Arab world that now involve the whole world. Although this issue is not directly connected with the book presented here, there is a connection in terms of the ability to see, to imagine, to pursue a dream—in this case the dream of uniting the Arab tribes against Turkish domination in the early years of the twentieth century—that is harbored by restless individuals in every age of history. Really, however, the point is that one has to ask oneself how much further one can go, surpassing codes that have already been acquired and have their connotations, and thus moving beyond an undisturbing, formally academic culture and advancing the pleasure of knowledge with a mere stroke of the pen.

T.E. Lawrence's words and deeds, and the risks that he accepted in the choices he made in his life, lead us to think that the limit can always be surpassed, going beyond any barrier, however plausible. And that is what the artist's way of seeing is: breaking down codes and developing the ability to decipher the whole of humanity with the use of signs and dreams, separately or together.

As Roland Barthes writes, "This situation is the very one in which a certain disturbance of the person occurs, a subversion of earlier readings, a shock of meaning lacerated, extenuated to the point of its irreplaceable void, without the object's ever ceasing to be significant, desirable. Writing is after all, in its own way, a *satori*: *satori* (the Zen occurrence) is a more or less powerful (though in no way formal) seism that causes knowledge, or the subject to vacillate: it creates an emptiness of language."[3]

These are words that, with scientific accuracy, define the transience of a system in response to a discovery that calls its very status into question. Within this void of words there is the meaning contained by a code capable of advancing the terms of the artist's communication. A revolution that is not always painless, both for him and for the system undergoing it, but one that leaves a precious trail onto which it is possible to graft a whole series of other intuitions and discoveries.

"Artists . . . often exploit scientific research for esthetic purposes, especially research concerning the mechanisms of seeing,"[4] as Tonino Casula writes in an interesting book in which he analyzes the mechanisms of seeing and interpreting. This is tantamount to saying that living on signs and dreams, and therefore on intuitions that encourage the emergence of codes, is the vocation of all those for whom research—understood here as the capacity for engagement—becomes a way of life that fears nothing but the transience of the inner tension that keeps it alive. "Now that everything has become art (wrapping, exhibitions, animation, graphic patterns, design, photocopies, hair styles, perfumery, cooking) and 'everyone is an artist' (Beyus), has not the register been exhausted?"[5] This is the question that Régis Debray rightly asks us, as if prompting us to go further. The point is not to lose one's bearings for the sake of a siren that says nothing about the violence in the world. And discussion about this issue is reopened by the civilized action of the orthodox, innovative, and also, in some ways, furious language of Francesco Dondina. In this connection we must also mention two of his earlier works, not published in *Signs and Dreams*: a cover for the contemporary art magazine *Clandestino Arte*,[6] and a manifesto for *365 NO*,[7] in which two precise and very topical concepts are quoted, "No to emotional blackmail" and "Five or six things that I have to say." Words that certainly do not represent the estheticizing aim of producing a manifesto packed with color and images and whatever else may be required for the expression of graphic ability tout court, but that restore a creative tension full of human and civil commitment.

In *Signs and Dreams* Dondina takes us traveling into a world of the imagination where encounters may occur if we accept the thesis and antithesis of osmosis between images and words, between content and poetic/political declaration. A stimulating context where nothing is left to chance, not even the use of color, the eye, curiosity, dreams, love, or the power that this feeling is capable of expressing for us all.

"The light within," one picture says—or rather one part of the inner cosmos that the artist has revealed in a time of variable duration through an affective experience with the particularly profound, painful, intense dimension of life. This "light," the light within, is a central node in our existence, unable to emerge except through an effort of absolute sincerity, oblique in comparison with a traditional way of seeing, hidden in comparison with normal truth, shadowy in comparison with traditional lighting. And so the tonal charge that Dondina selects to pursue his own signs is equivalent to the affective charge to represent his own dreams. A question of rhythmic, transparent language, not wearied by creating things for exclusive customers but aiming at the whole community. A language with words that evolve and with increasing insistence and precision pose the question: "How much longer can humanity go on living on signs and dreams if it does not turn back to reflect upon its present?"

And it is not a recent question.


1. Franco Vaccari, *Fotografia e inconscio tecnologico*, Punto e virgola.
2. T.E. Lawrence, *The Mint*, Cape.
3. Roland Barthes, *Empire of Signs*, Hill and Wang.
4. Tonino Casula, *Tra vedere e non vedere*, Einaudi.
5. Régis Debray, *Vie et mort de l'image*, Gallimard.
6. Edited by Marina Mojana, *Clandestino Arte*, no. 4, 2003.
7. Curated by Moreno Gentili, *365 NO*, AGF, Udine 2002.

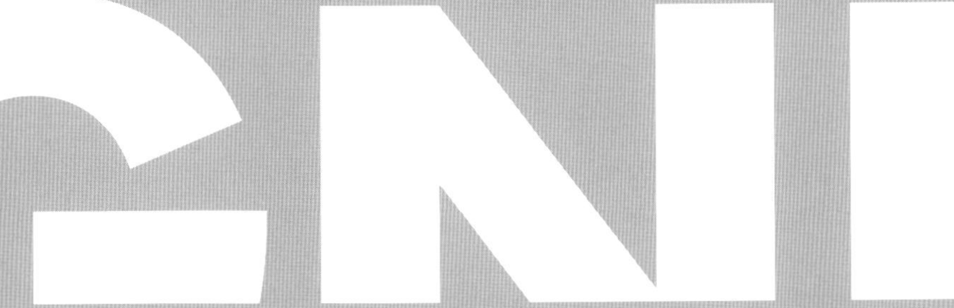

**Signs and Dreams

creazione

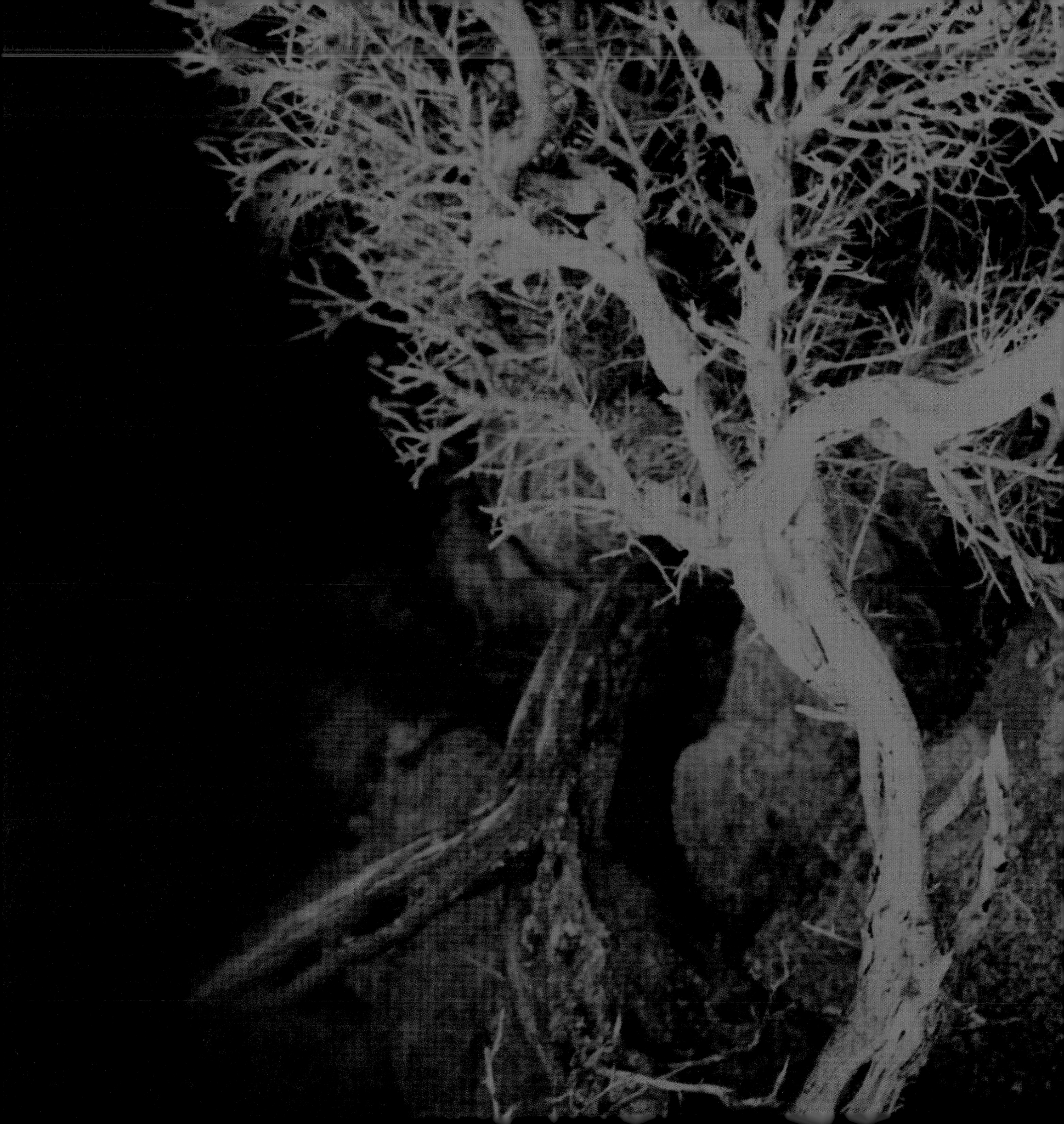

visione

suono

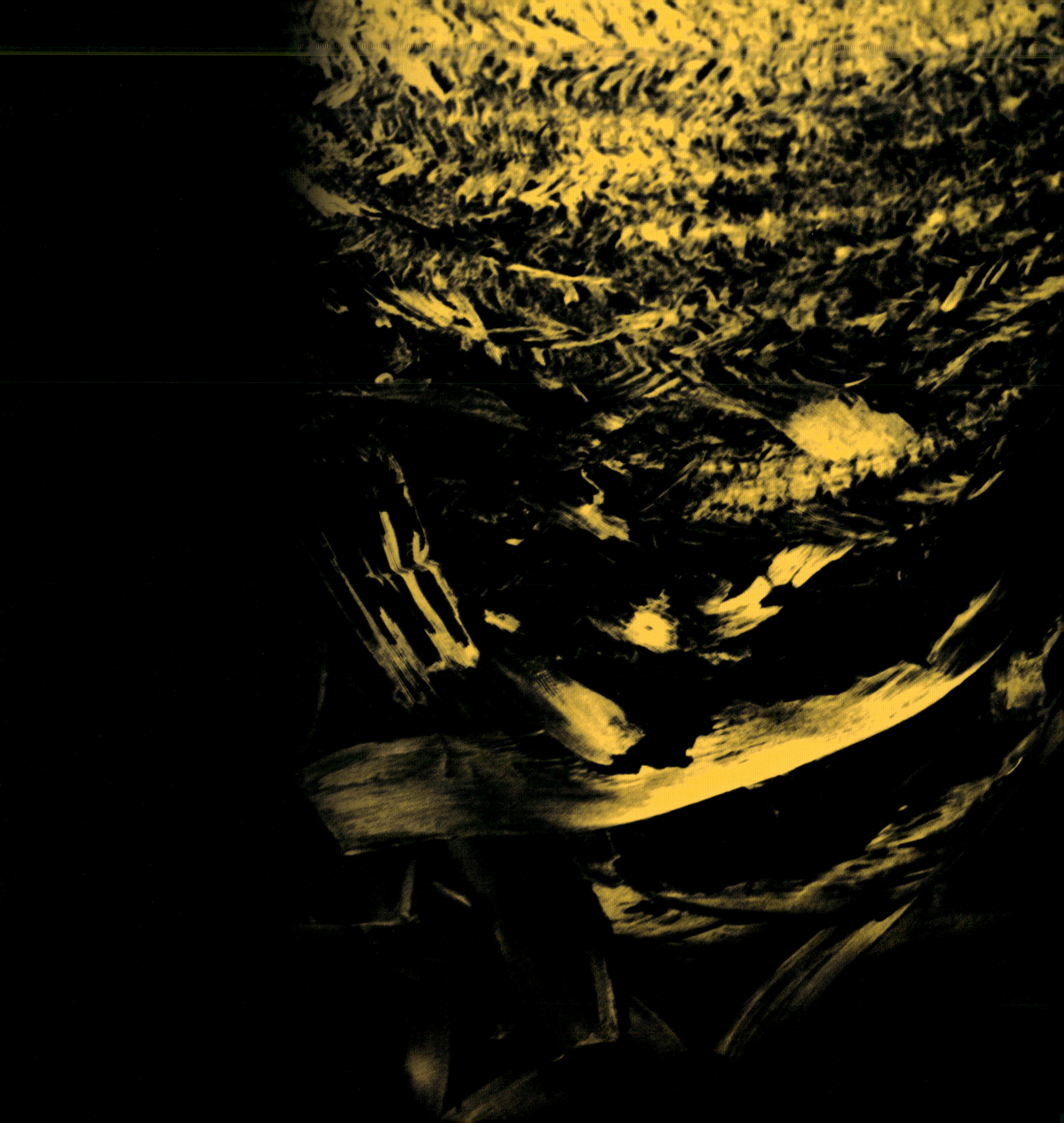

amore

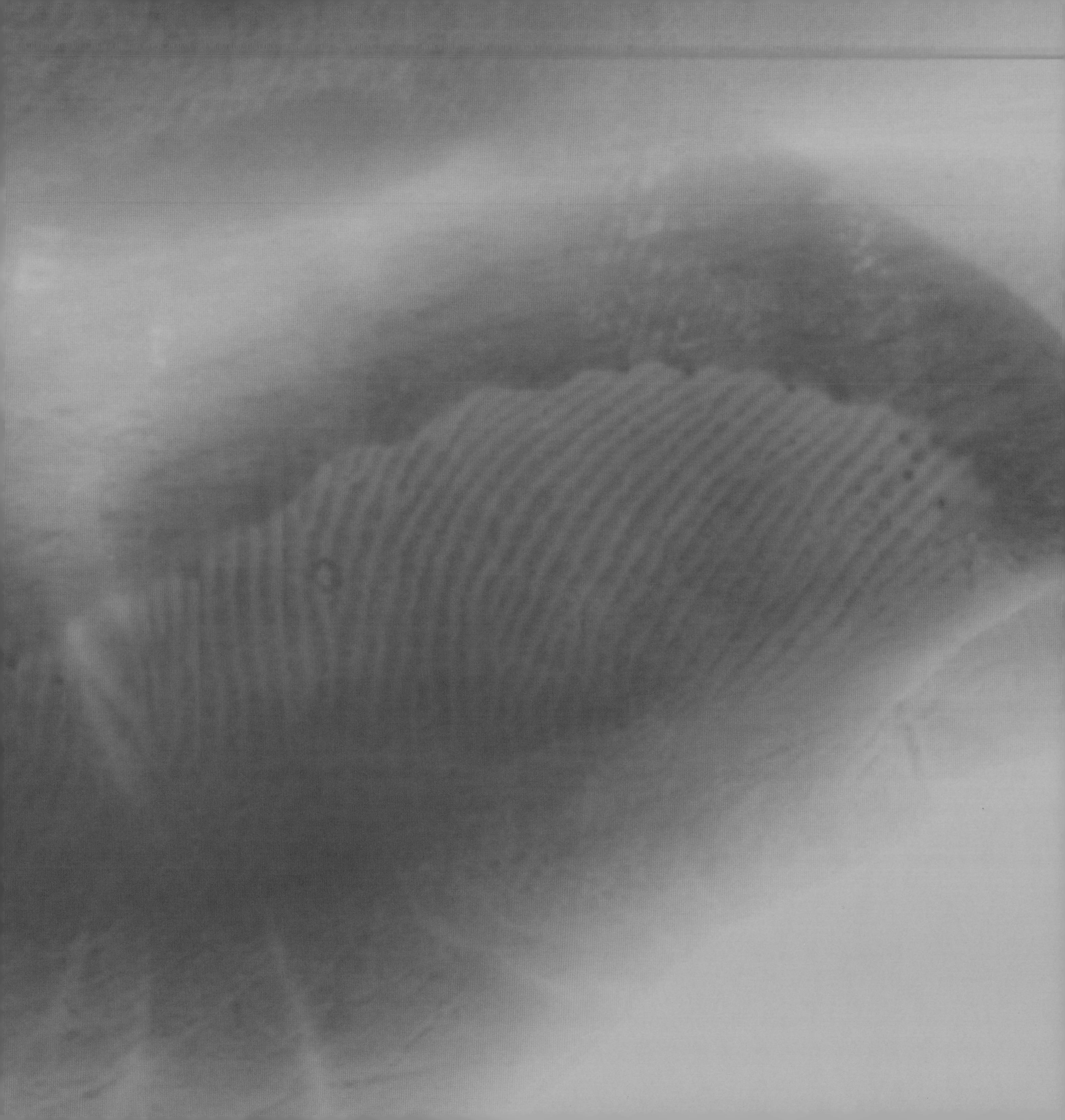

tracce

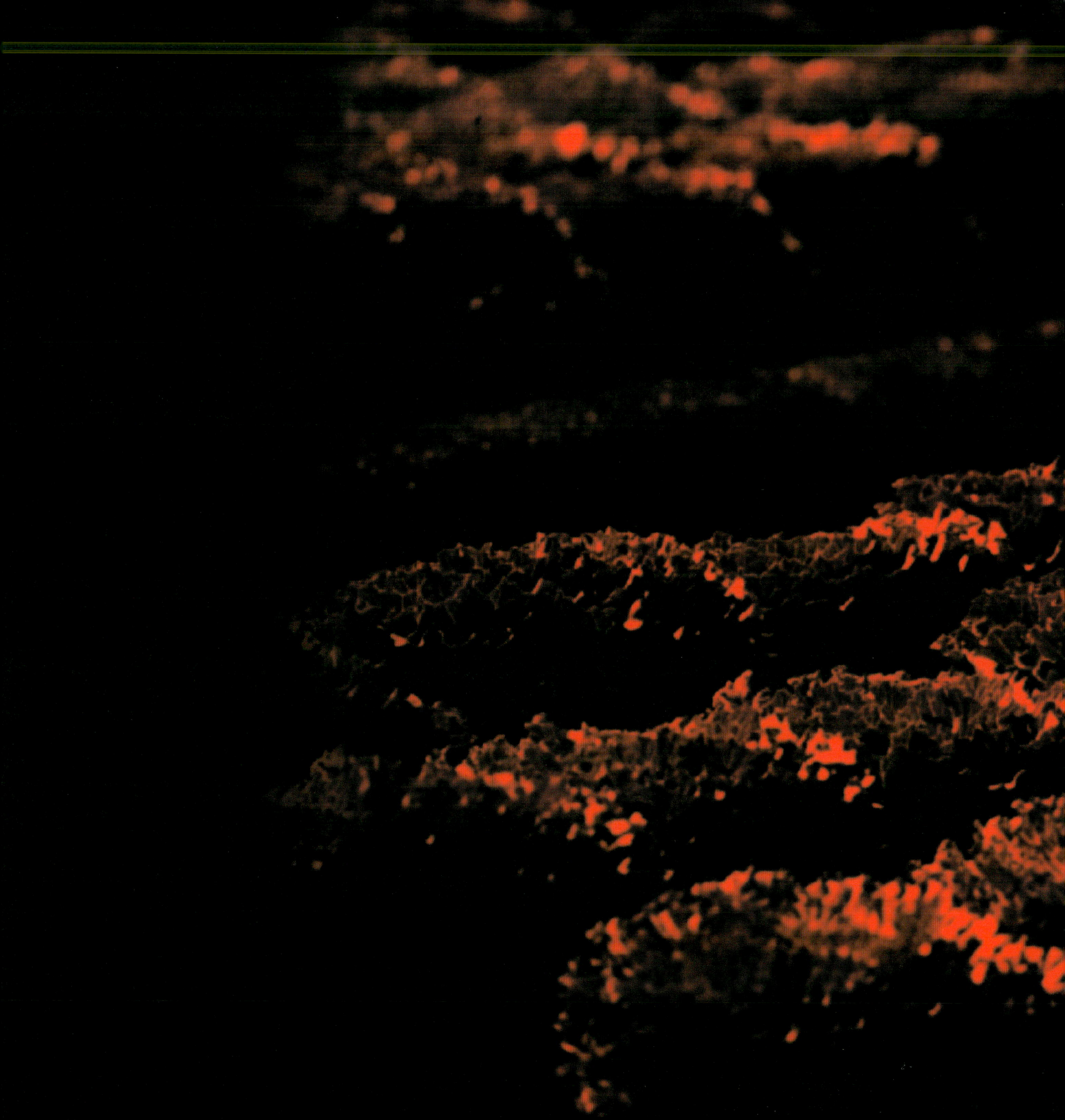

potenza

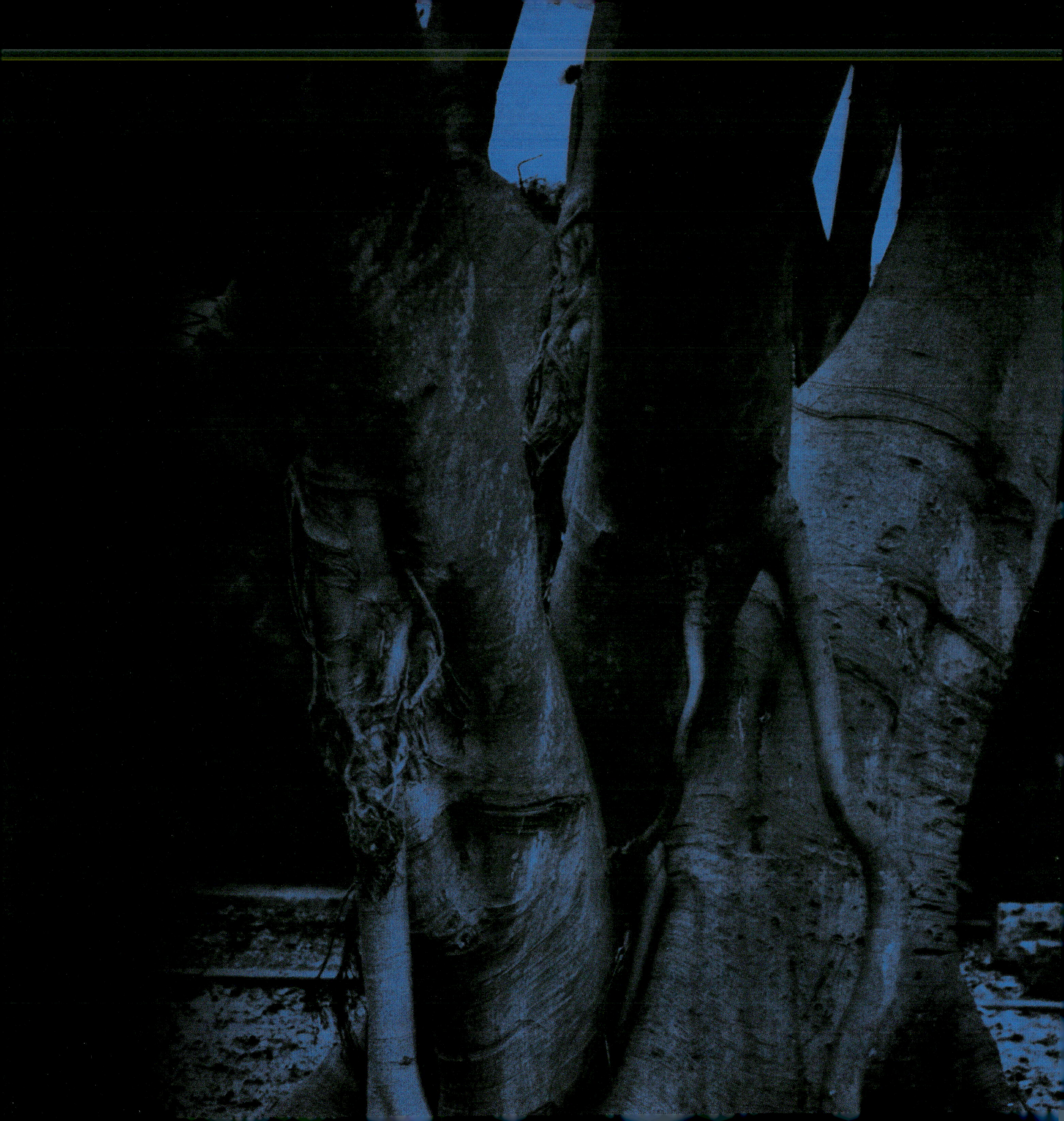

eros

vivere

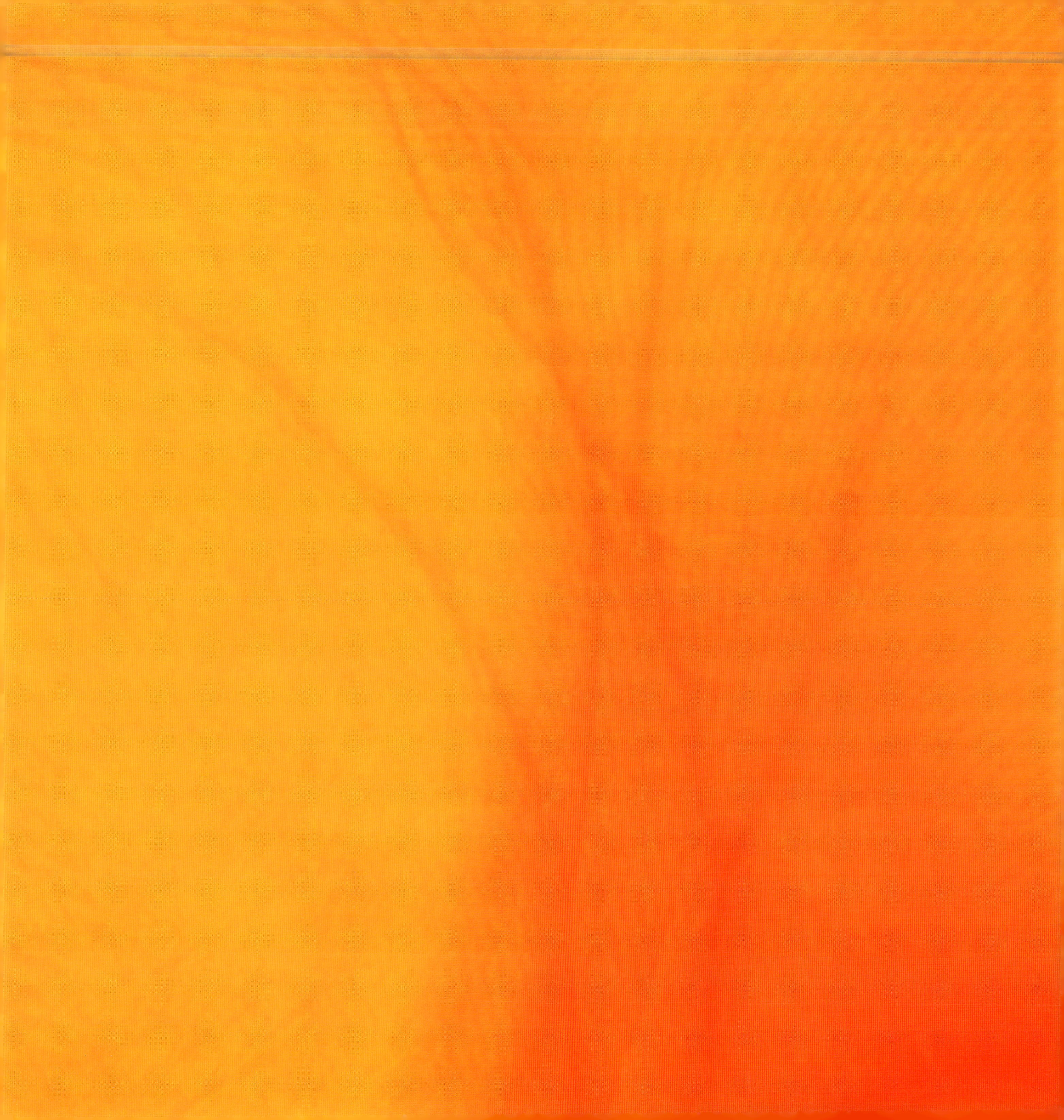

cerebrale

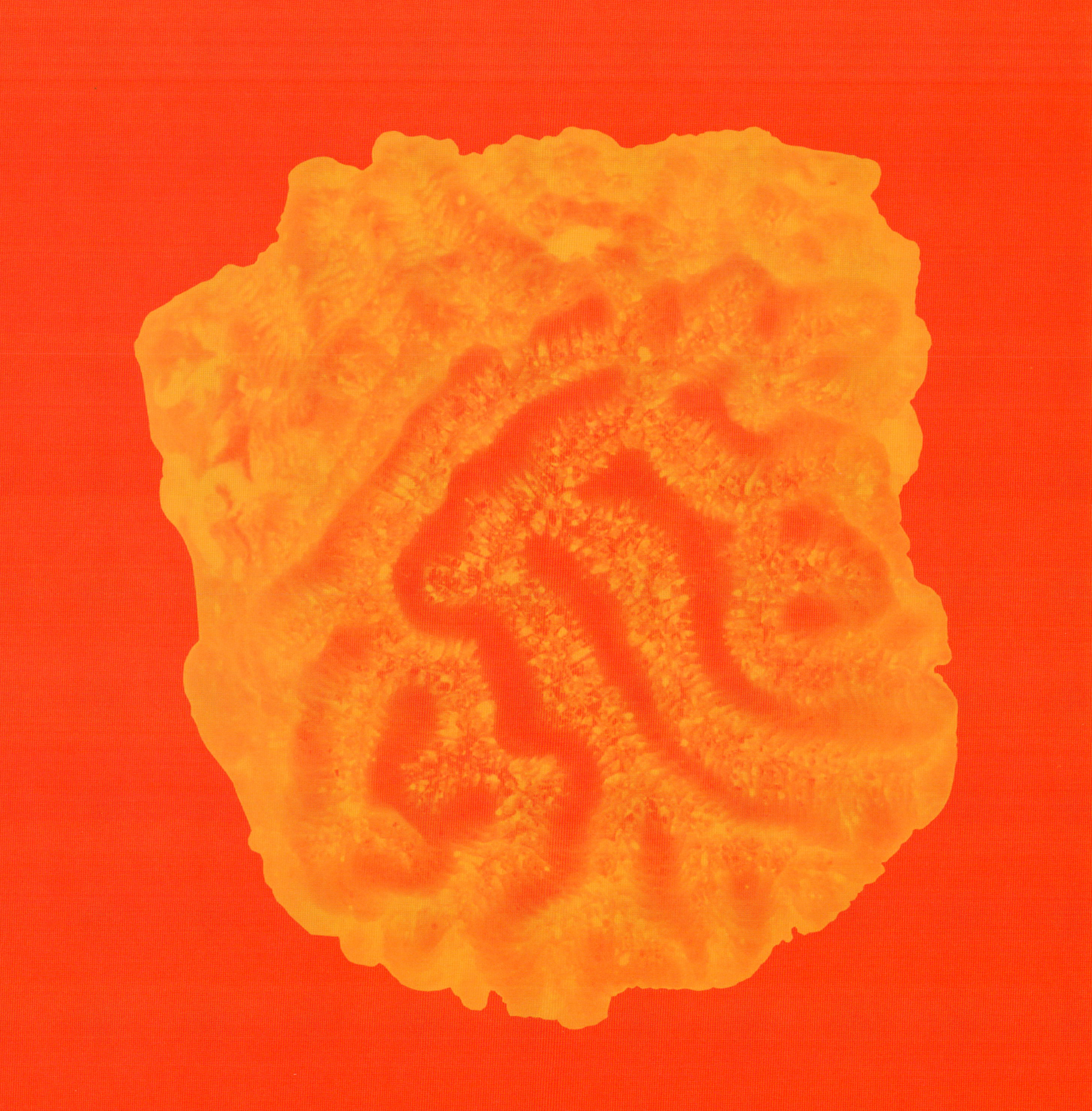

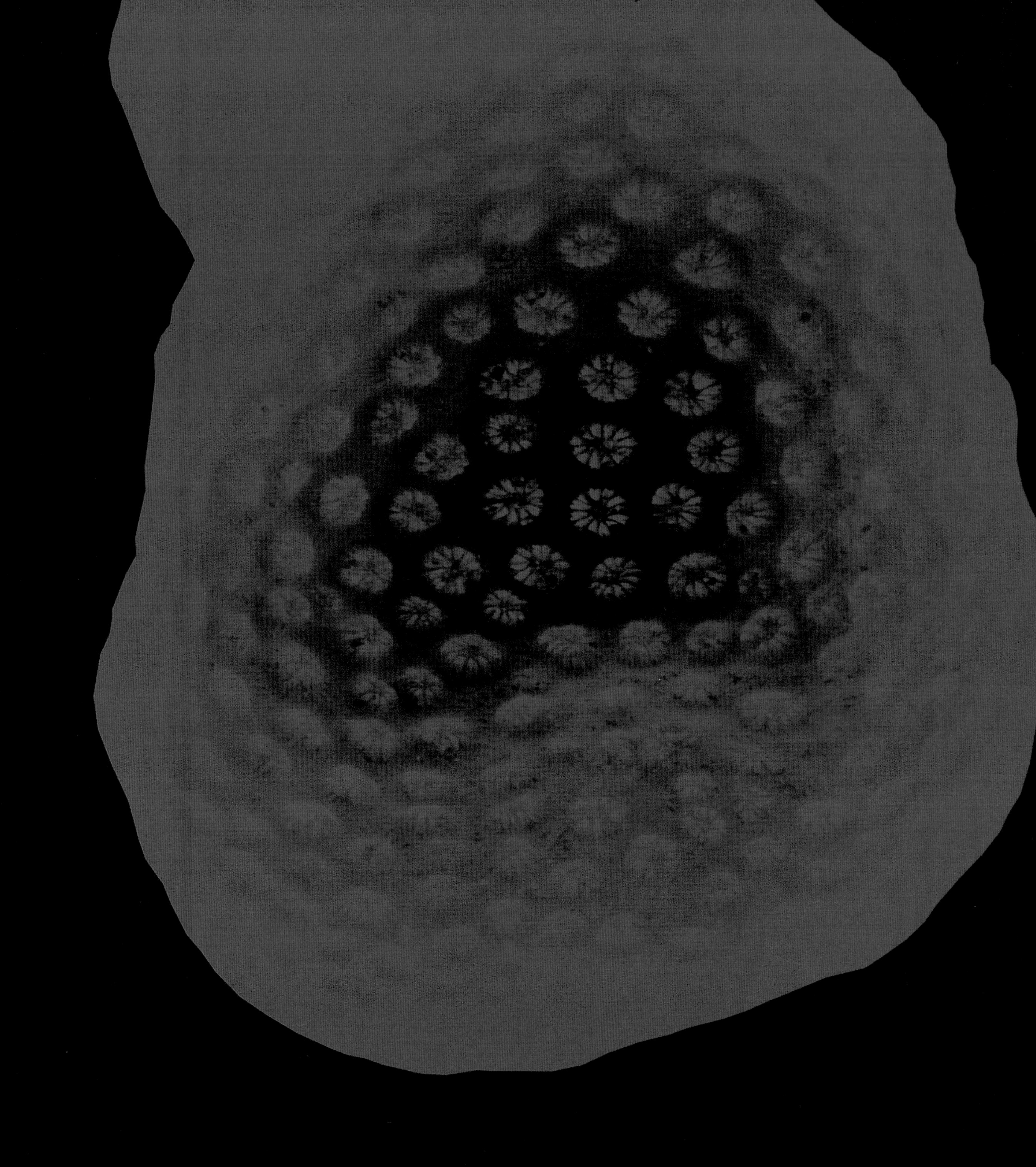

appartenenza

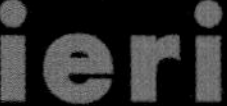

ieri

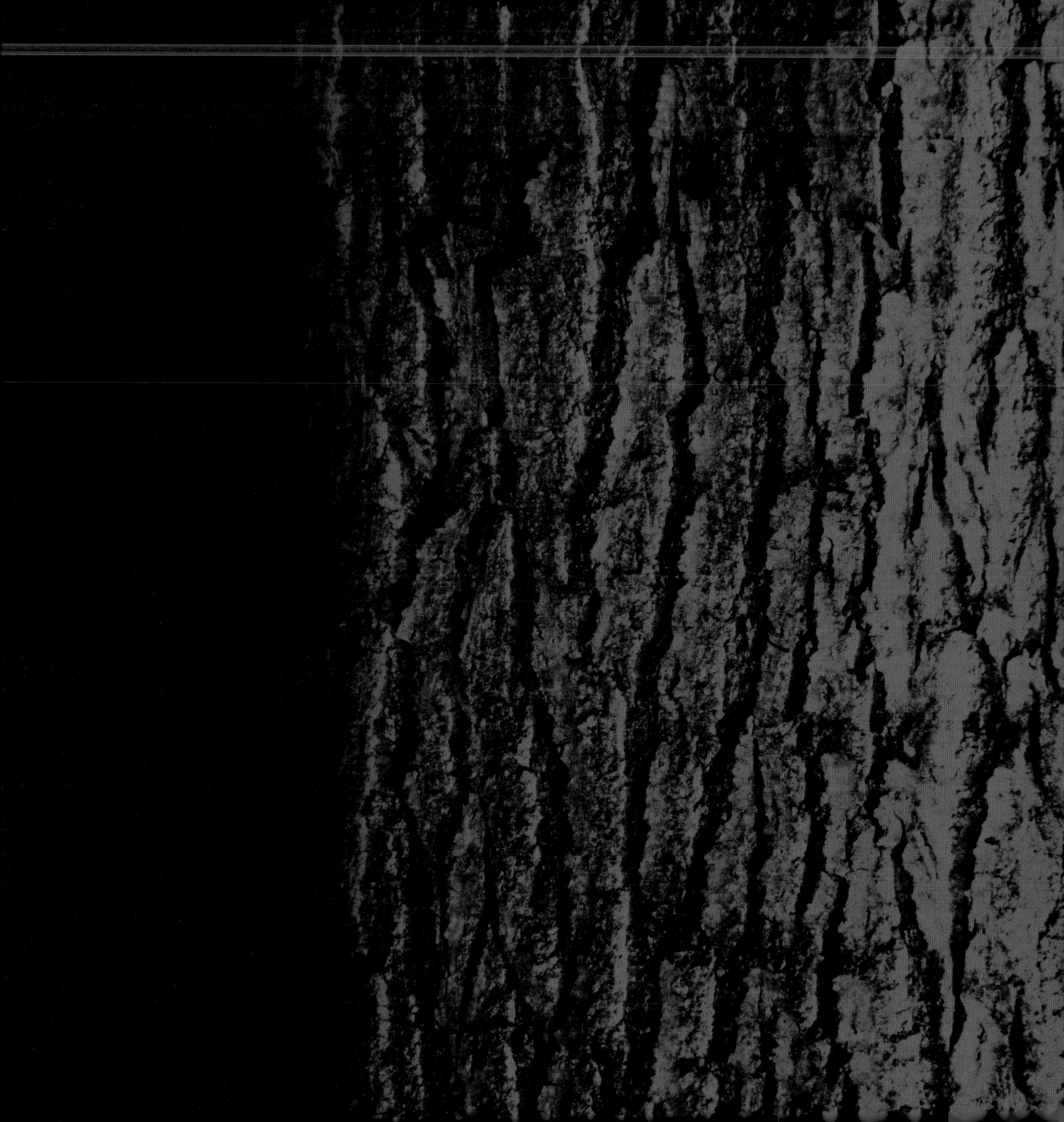

margine

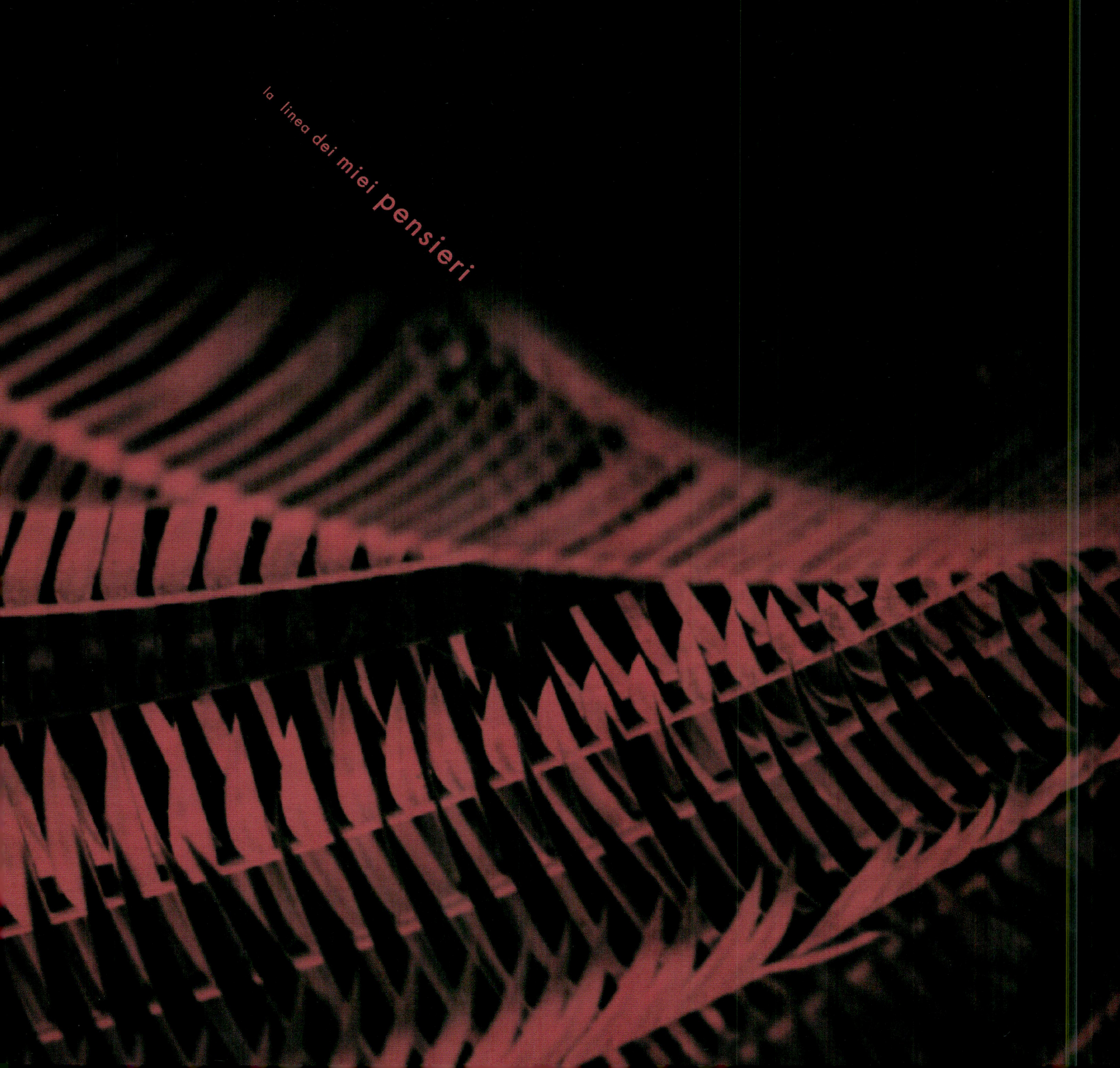

la linea dei miei pensieri

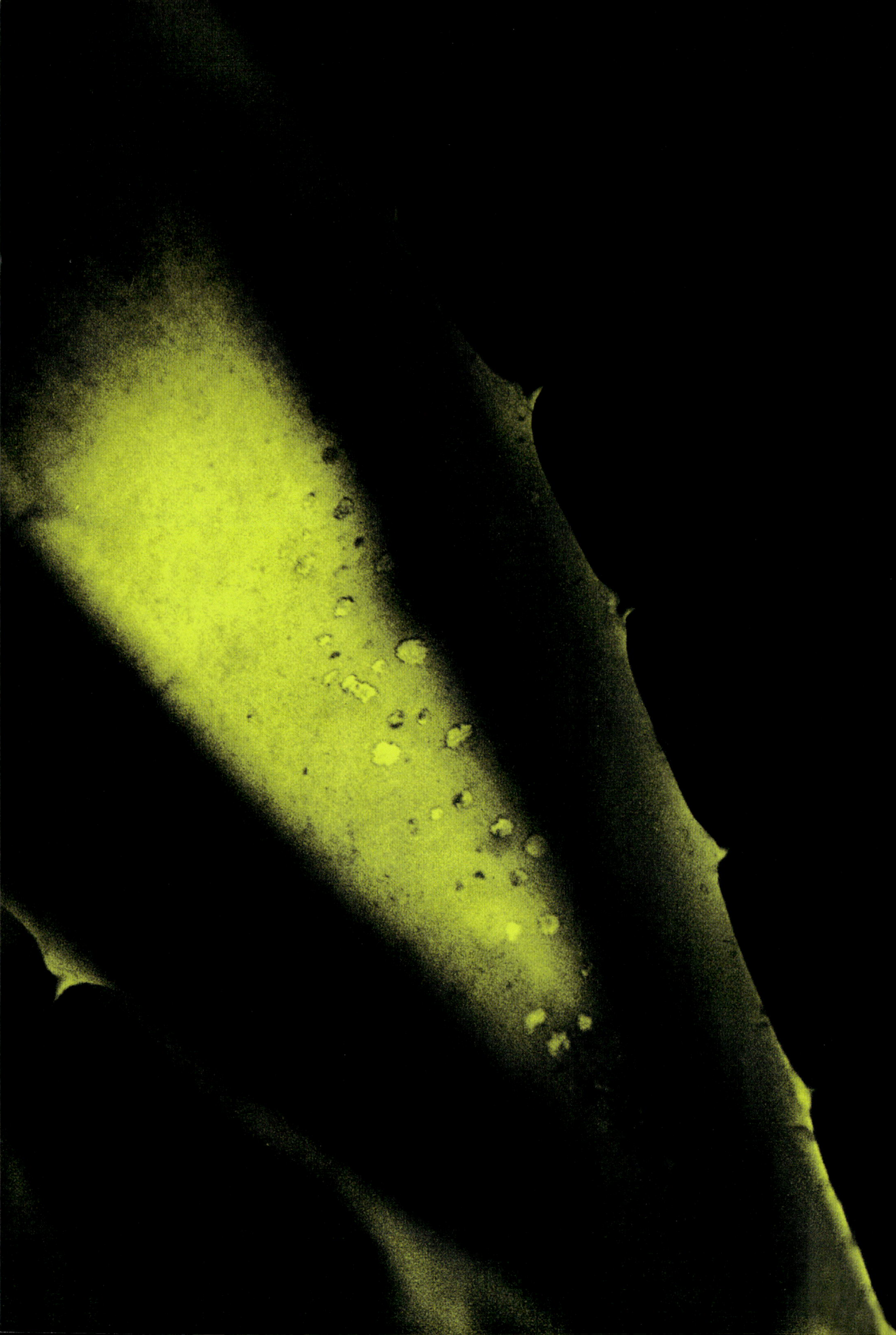

tempo

thanatos

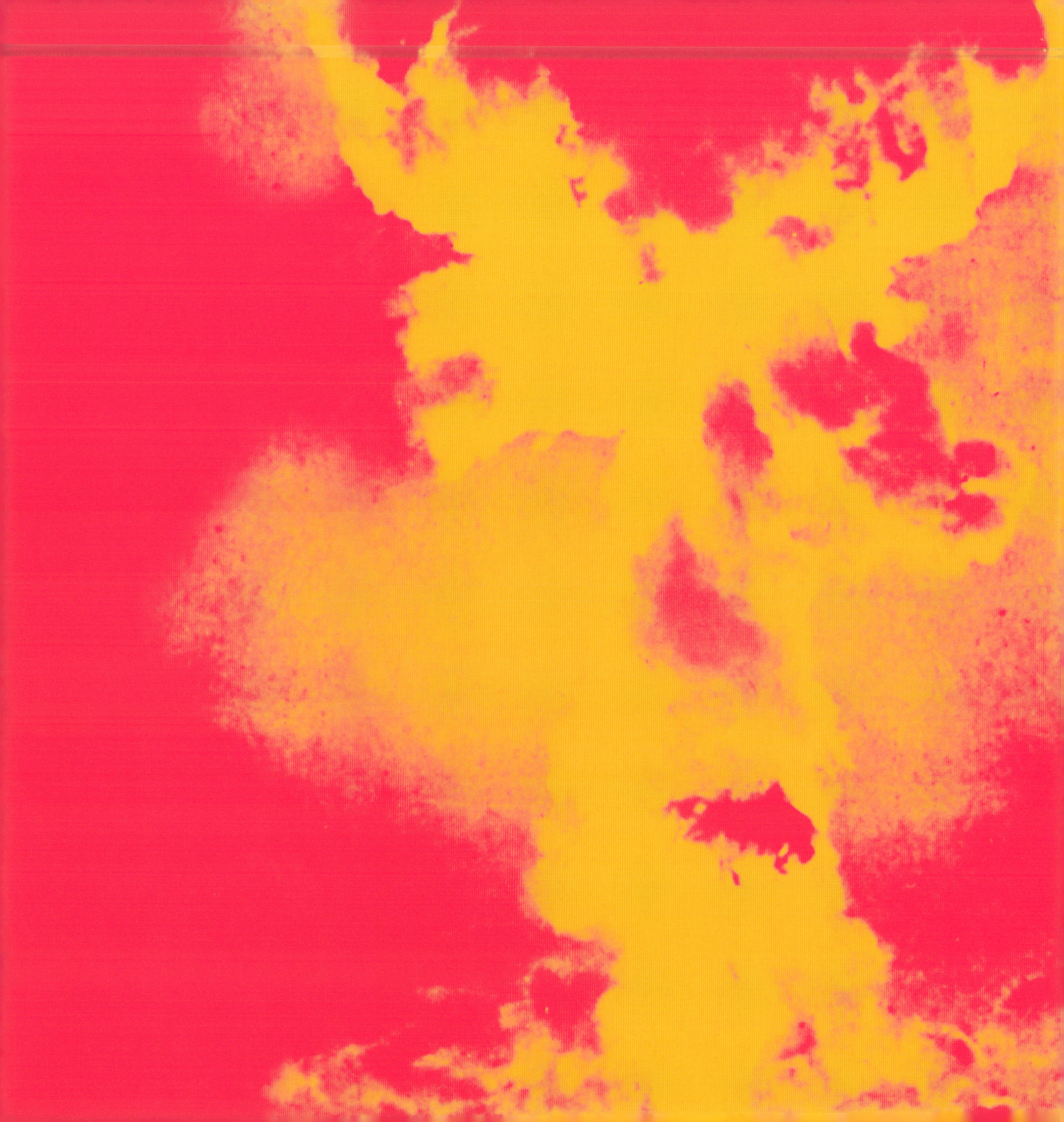

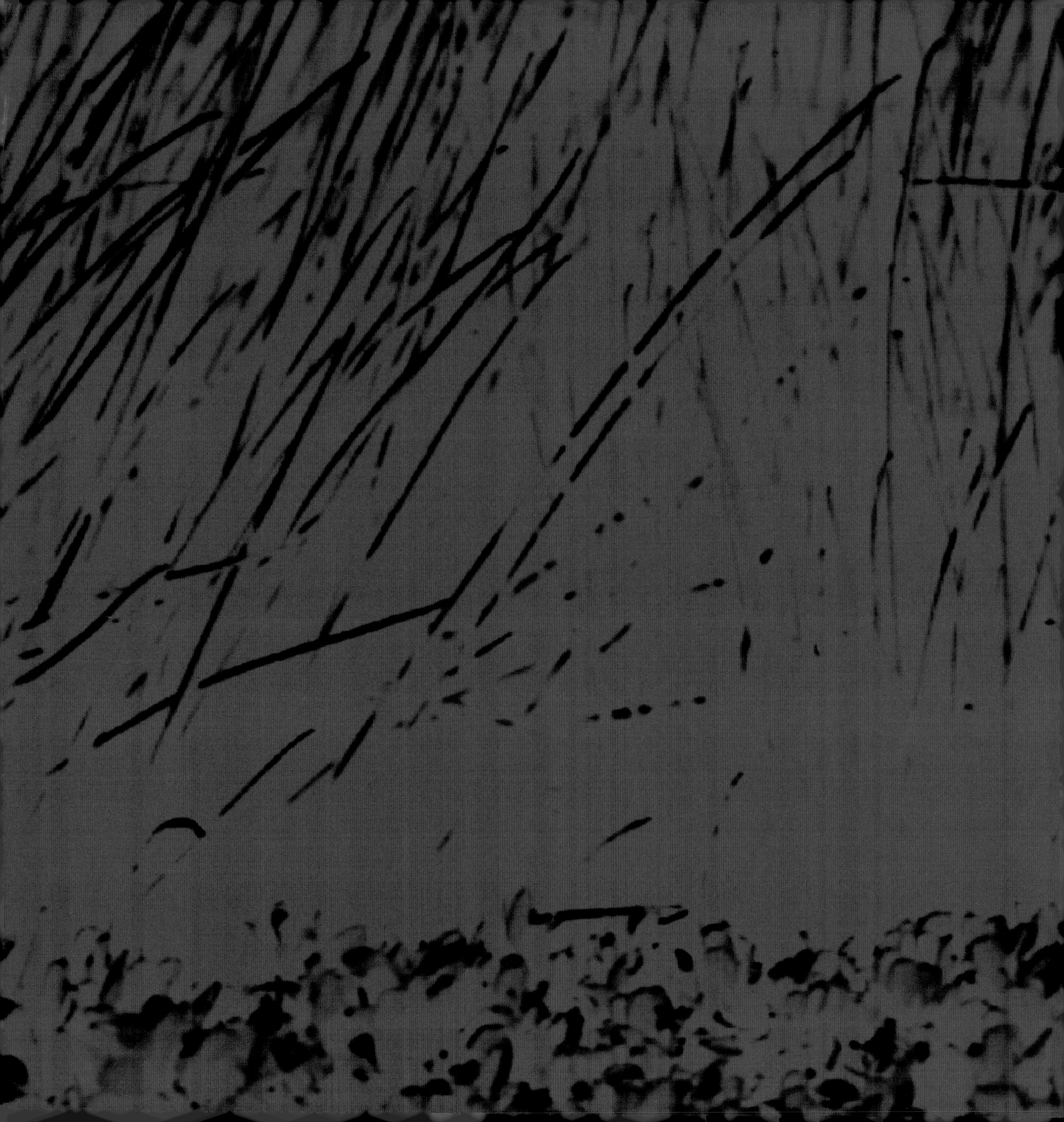

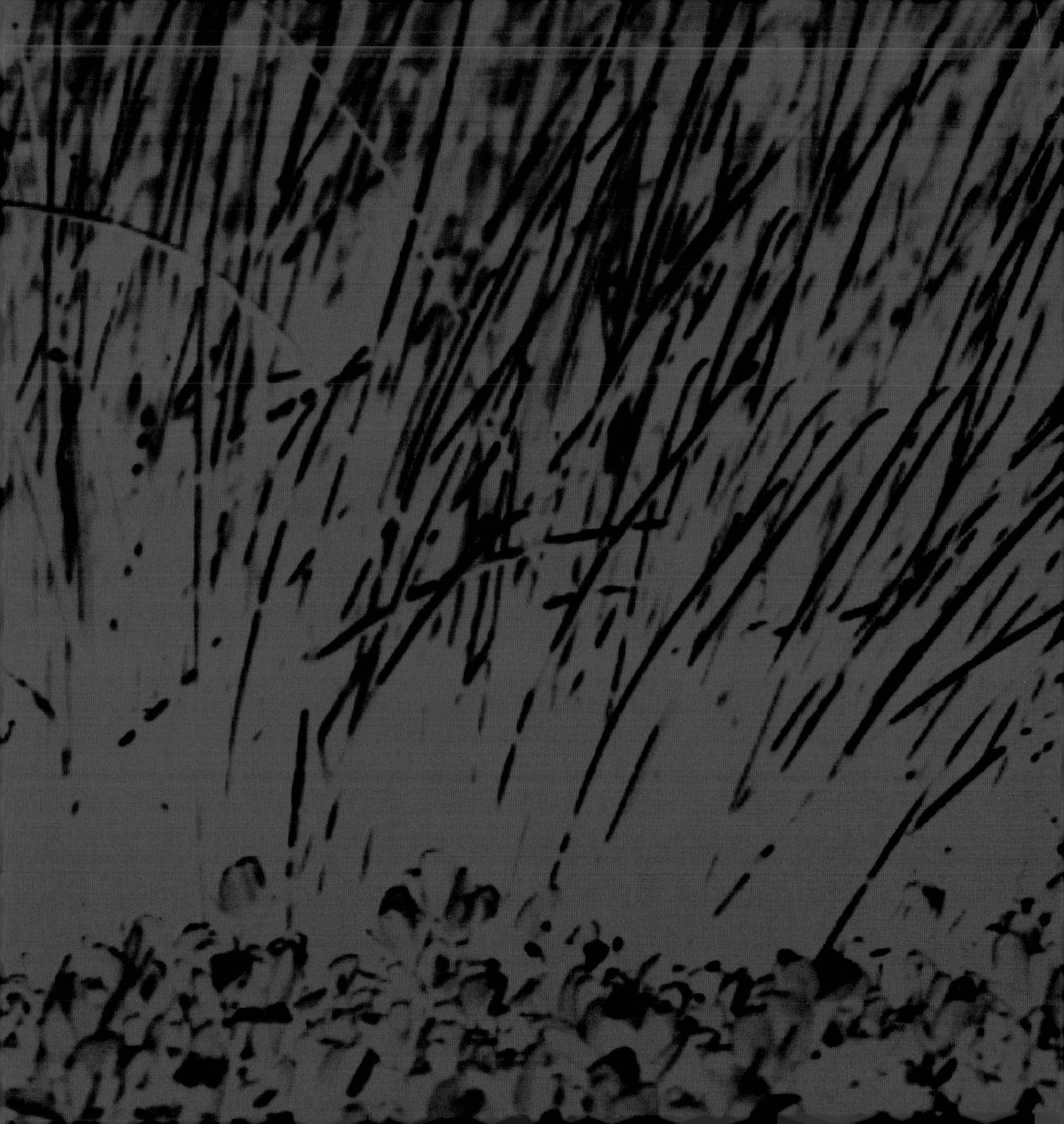

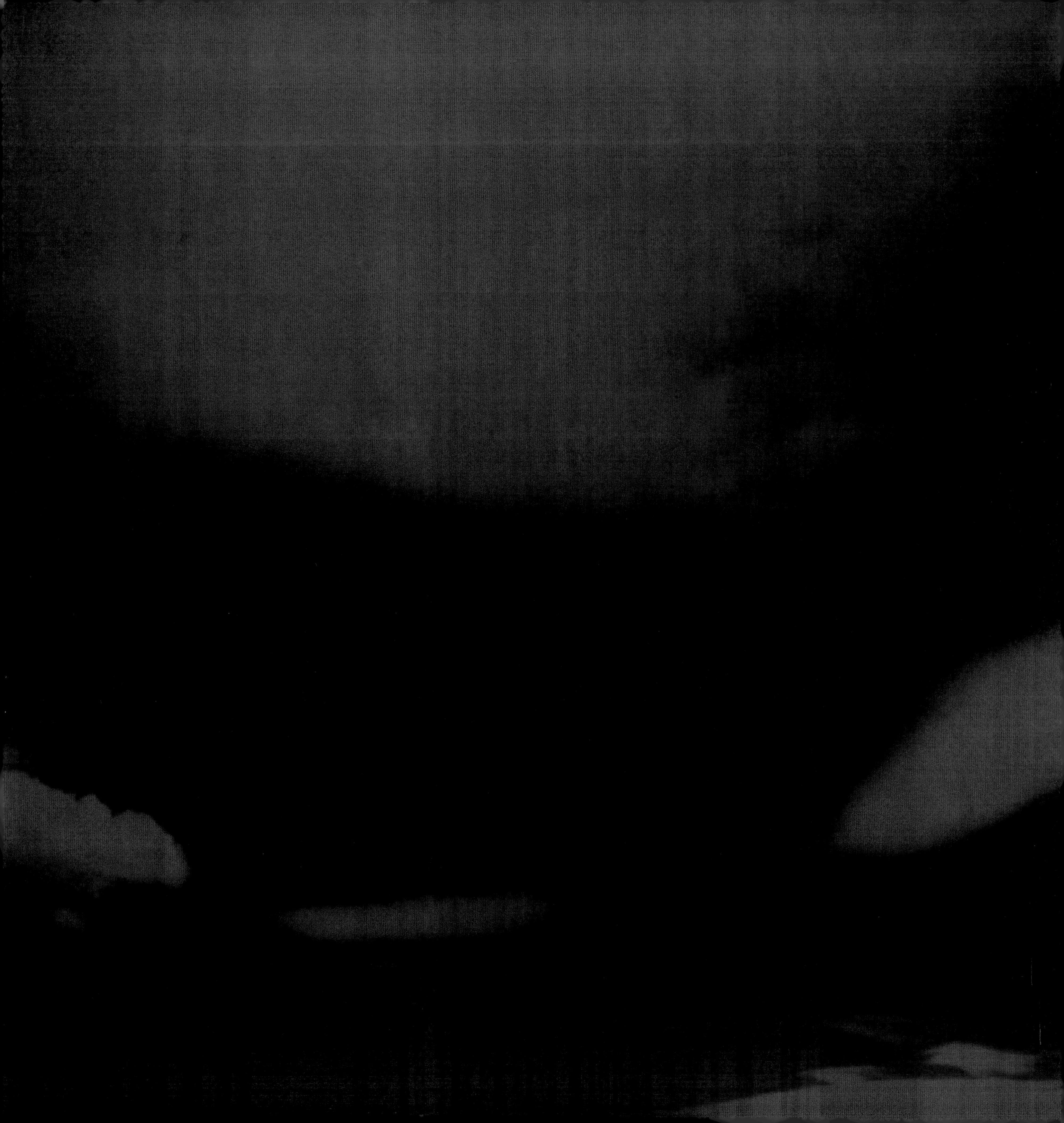

attesa

linee

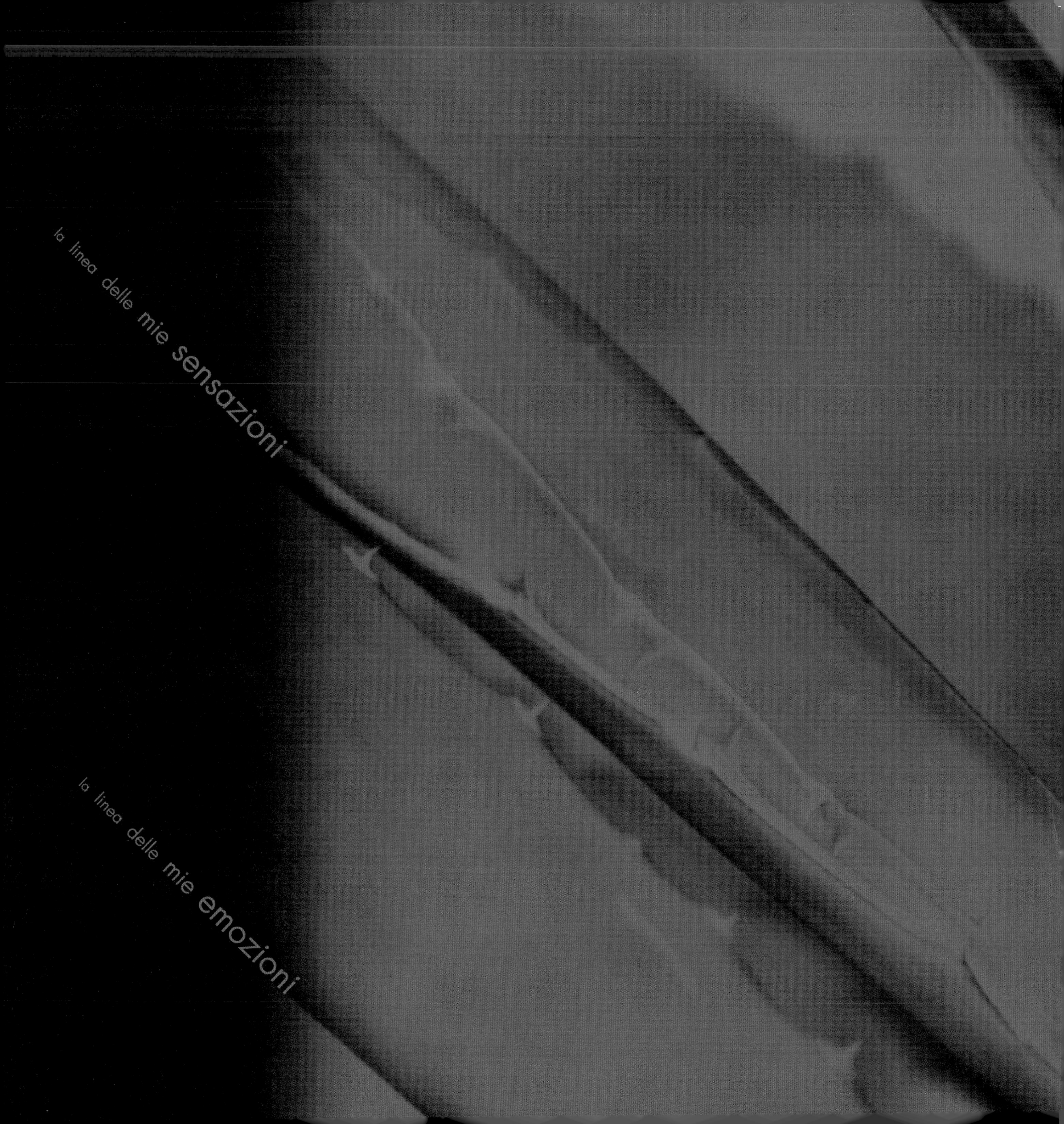

la linea delle mie sensazioni

la linea delle mie emozioni

maschere

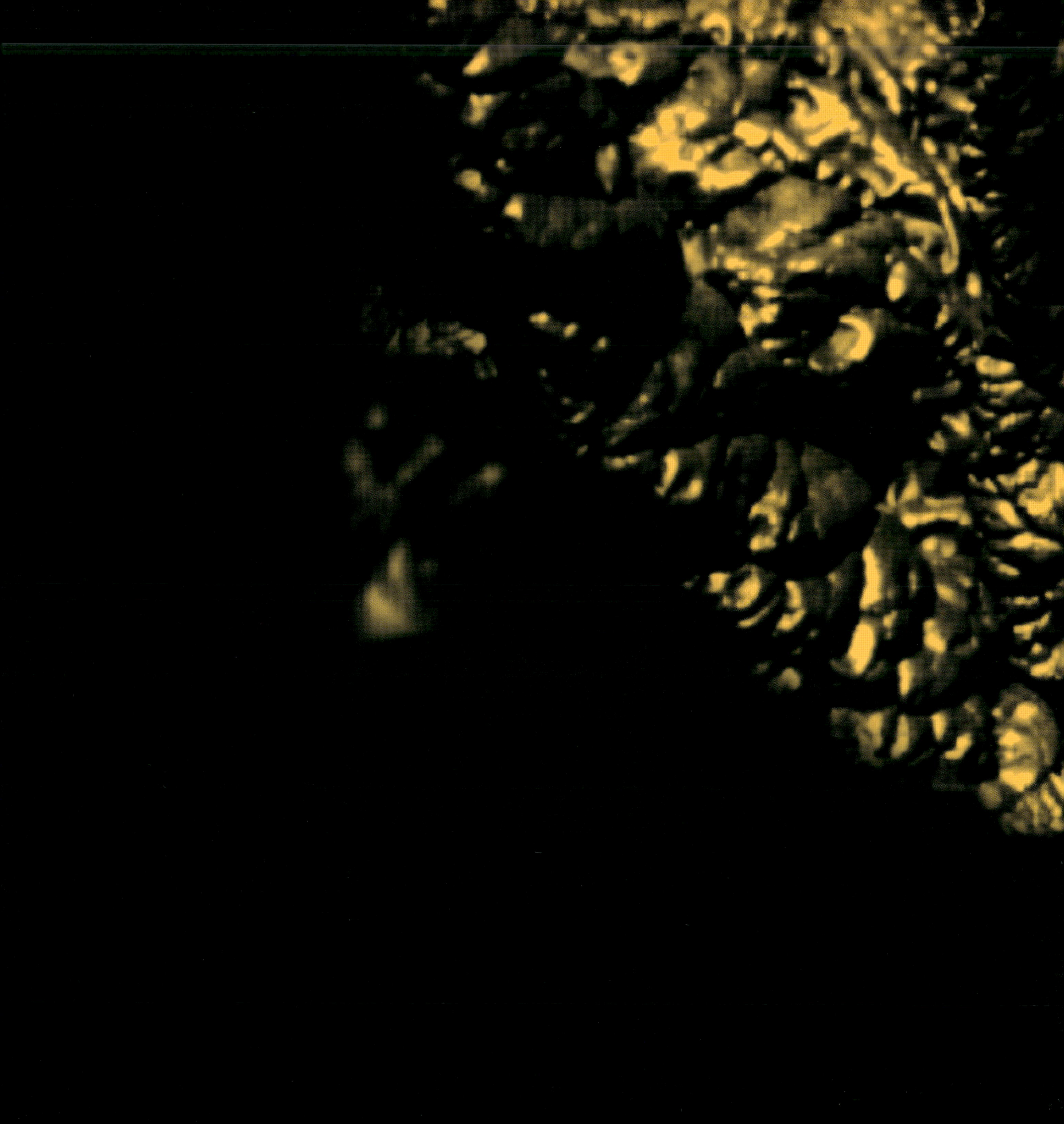

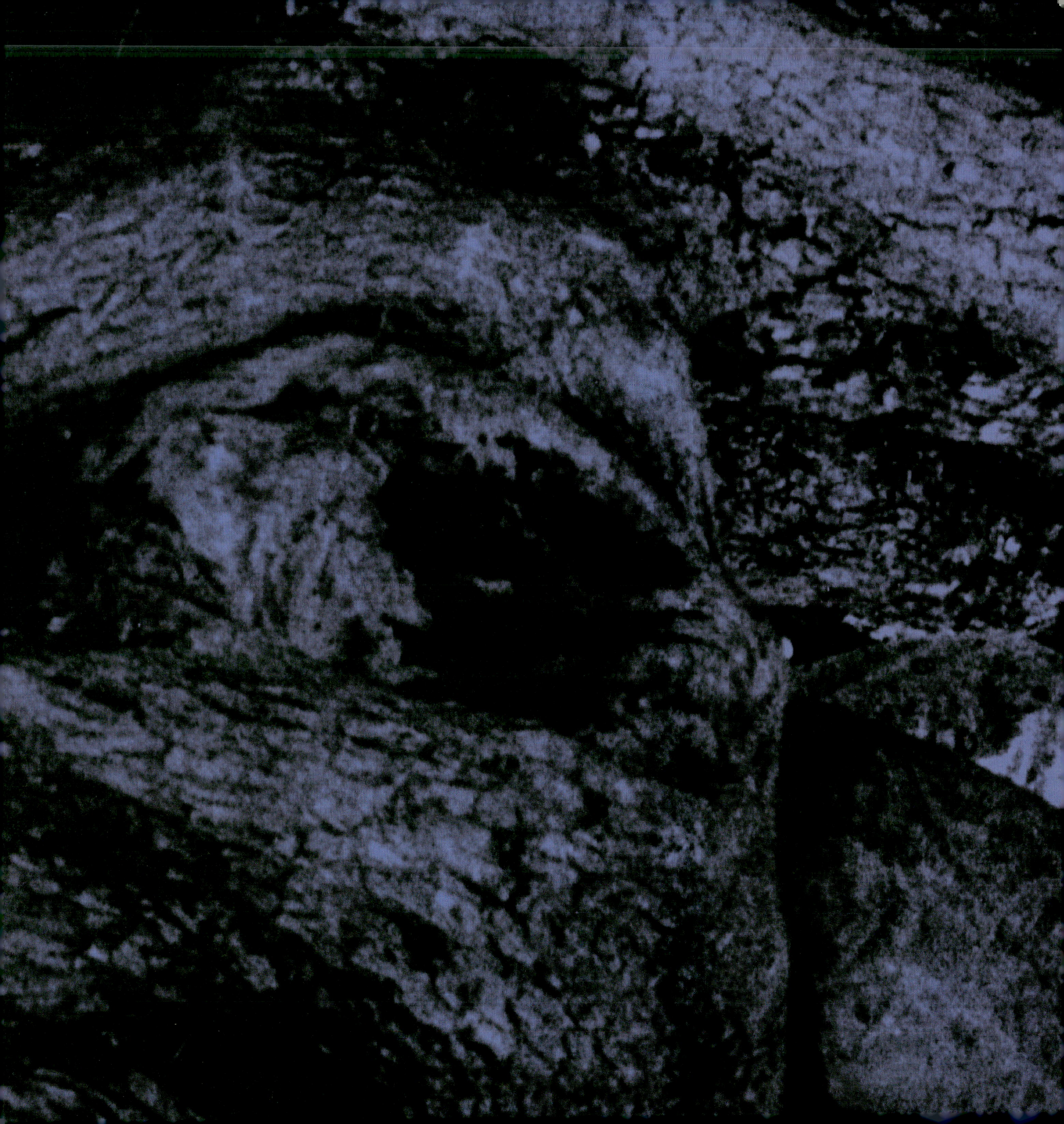

la luce dentro

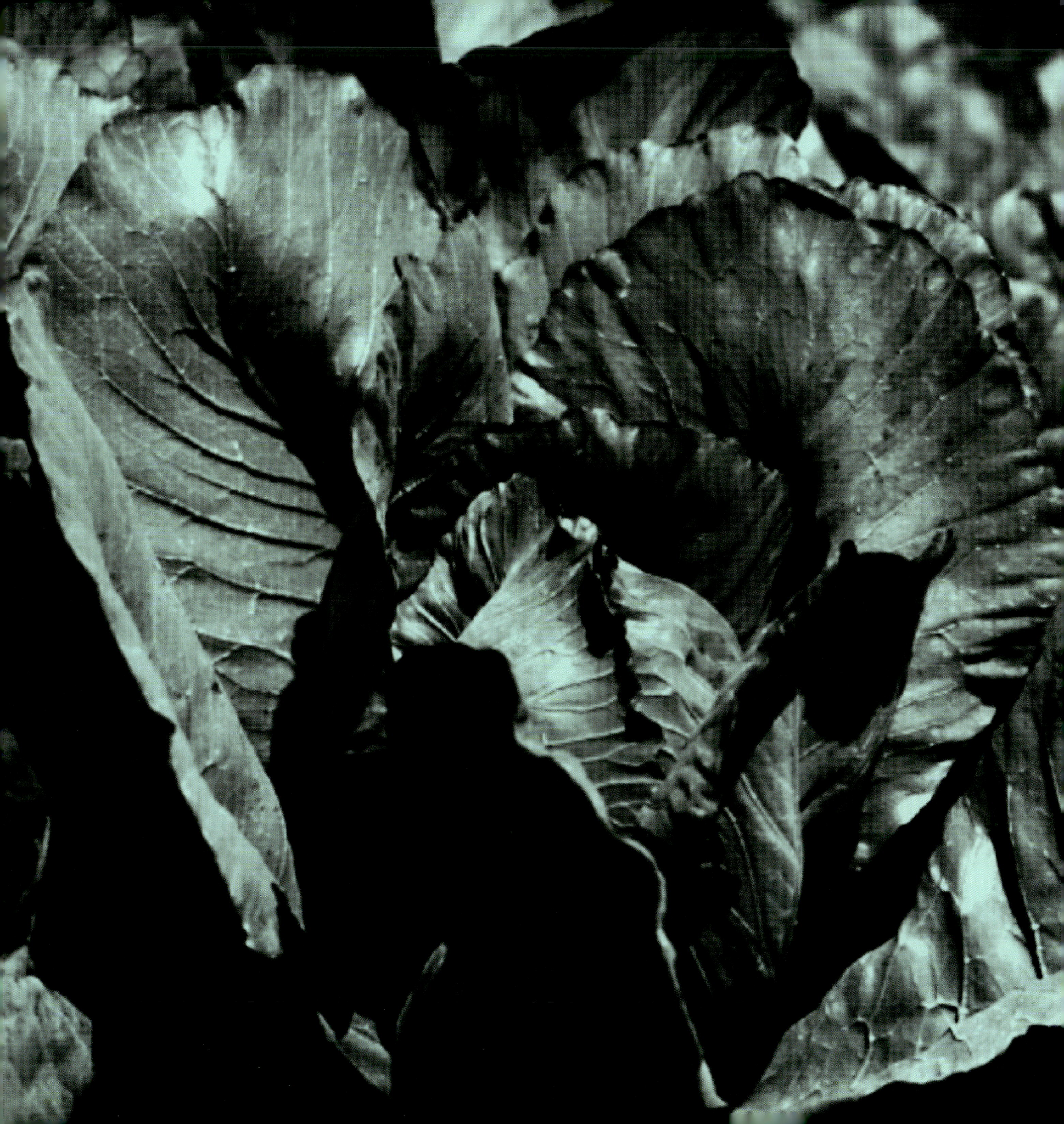

massimo pitis

**UNO, NESSUNO, CENTOMILA**

Del mio rapporto con la visione ho un ricordo d'infanzia che è riaffiorato, quando Francesco Dondina mi ha mostrato il suo lavoro.
Avevo, fin dalla prima elementare, un paio di occhialoni che da subito hanno segnato la mia fisionomia. Un giorno, durante una visita, l'oculista disse a mia madre che, dato il mio problema, avrei potuto ottenere benefici da una serie di esercizi dall'optometrista. Dovevo, per uno o due pomeriggi a settimana, recarmi in uno studio, del quale ricordo ancora il profumo dopo circa trent'anni, e, accompagnato da una giovane dottoressa, guardare in una mascherina dove coniglietti, fiori e altre figure dovevano spostarsi grazie allo sforzo che io imponevo alle mie pupille.
Il fatto stesso che si potesse vedere meglio facendo ginnastica, allenandosi, credo che, da allora, abbia cambiato il mio atteggiamento verso la comunicazione visiva, le immagini e le "parole dette per gli occhi".
Francesco Dondina è uno che si allena, che vuole migliorare il suo modo di vedere, sempre di più. Lo fa cercando di fare apparire ciò che prima non c'era, o era un'altra cosa. E non si accontenta di farlo per sé, lo fa chiamandoci tutti a testimoni. La sua abilità, e forse anche la sua necessità, sta nel cercare, oltre la superficie del significante, uno, nessuno, centomila significati. Sta nel mescolare le carte; nel farci intuire una chiave di lettura e poi nel negarla presentandocene un'altra; nel cercare la grana poetica nelle freddezze tecnocratiche del meno malleabile dei software.
Dondina fa della fotografia e la contrabbanda per grafica; prende il tutto e ce ne concede una parte, sfidandoci a trovare una risposta, un movente, in pochi indizi.
Saranno gli studi di giurisprudenza che ci accomunano, ma questa predilezione per l'indagine, questa convinzione che nulla sia come appare, questa certezza che (come i sogni, certo) tutto ciò che vediamo sia da interpretare, mi fanno pensare a Simenon più che a Freud, a Deray più che a Buñuel.
Queste pagine sono metafore, paradossi, ossimori. Non sono grafica e neppure fotografia. Hanno il difetto scomodo di farci pensare (occupazione fuori moda in tempi di *entertainment*). Hanno la presunzione di non doverci dire tutto (possiamo davvero ancora fare appello al nostro spirito critico?). Si prendono il lusso di non fermarsi al reale, perché è dell'irreale che si nutrono, si vestono e travestono. Sono solo immagini, che parlano di sogni mostrando un tempo che forse non è mai stato. E non appartengono più a Francesco perché mostrandocele le ha perse, rompendo l'incantesimo che avvolge anche i sogni.

## ONE, NONE, A HUNDRED THOUSAND

I have a childhood memory of my relationship with seeing that resurfaced when Francesco Dondina showed me his work.

When I was in the first year of elementary school I had a pair of enormous spectacles that immediately marked my facial appearance. One day, during a check-up, the oculist told my mother that, with my problem, I could benefit from a series of exercises given by an optometrist. On one or two afternoons a week I had to go to a place that had a fragrance that I still remember after nearly thirty years. There, accompanied by a young woman doctor, I looked into a mask where little rabbits, flowers, and other images were supposed to move about as a result of the effort that I made with my pupils.

I think the very fact that one could see better by doing exercises, by training, changed my future attitude to visual communication, images, and "words uttered for the eyes."

Francesco Dondina is someone who trains, who constantly wants to improve his way of seeing. He does so by trying to make something appear that was not there before, or that was something different. And not content with doing so for himself, he calls upon us all to witness it. His ability, and perhaps also his need, lies in the search for a signified—one, or none, or a hundred thousand—beyond the surface of the signifier. It lies in the shuffling of the cards; in making us intuit a clue to the interpretation and then denying it and presenting us with another; in searching for the grain of poetry amid the technocratic coldness of the least malleable software.

Dondina does photography, disguising it with graphic art; he takes the whole and lets us have a part of it, challenging us to find an answer, a cause, in a few indications.

It may be our studies of jurisprudence that unite us, but this predilection for investigation, the conviction that nothing is as it seems, and the certainty that (as in dreams, of course) all that we see must be interpreted, make me think of Simenon rather than Freud, of Deray rather than Buñuel.

These pages are metaphors, paradoxes, oxymorons. They are neither graphic art nor photography. They have the awkward defect of making us think (an unfashionable occupation in times of entertainment). They have the presumption of not being obliged to tell us everything (can we really still make an appeal to our critical spirit?). They allow themselves the luxury of not dwelling on reality, for it is with unreality that they feed and clothe and disguise themselves. They are only images that speak of dreams, showing a time that may never have existed. And they no longer belong to Francesco because, by showing them to us, he has lost them, breaking the spell that envelops even dreams.

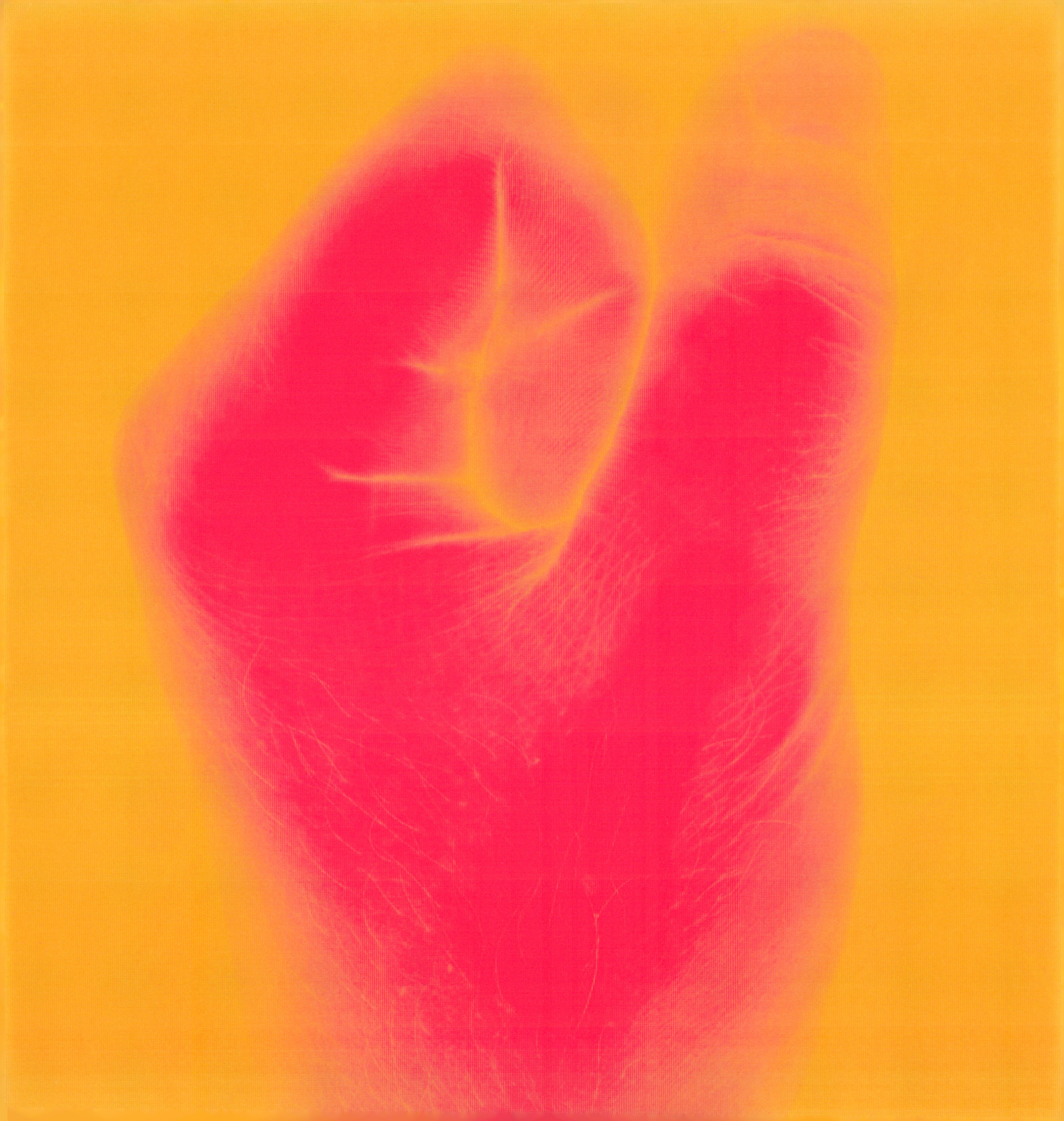

**talento**

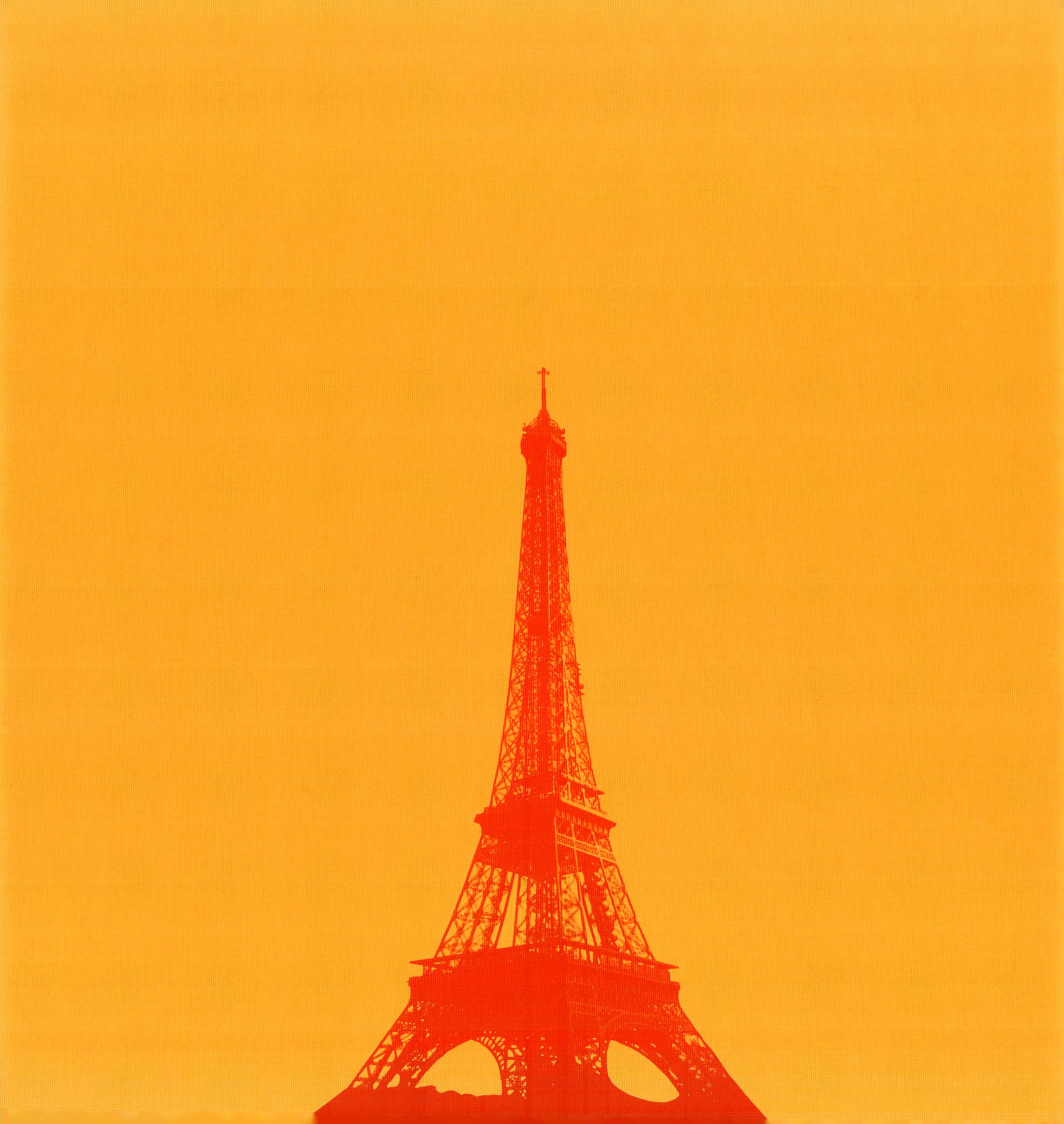

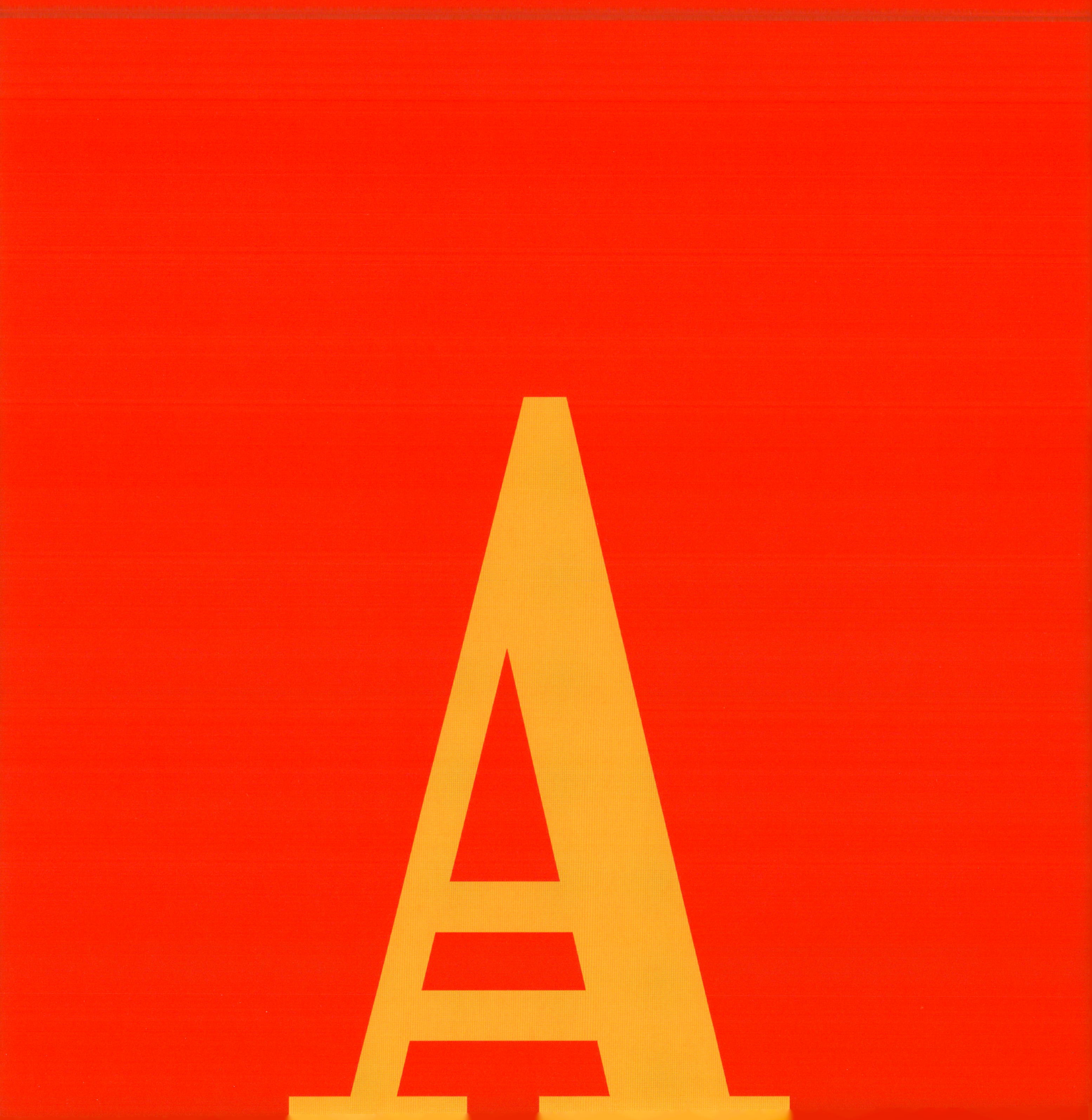

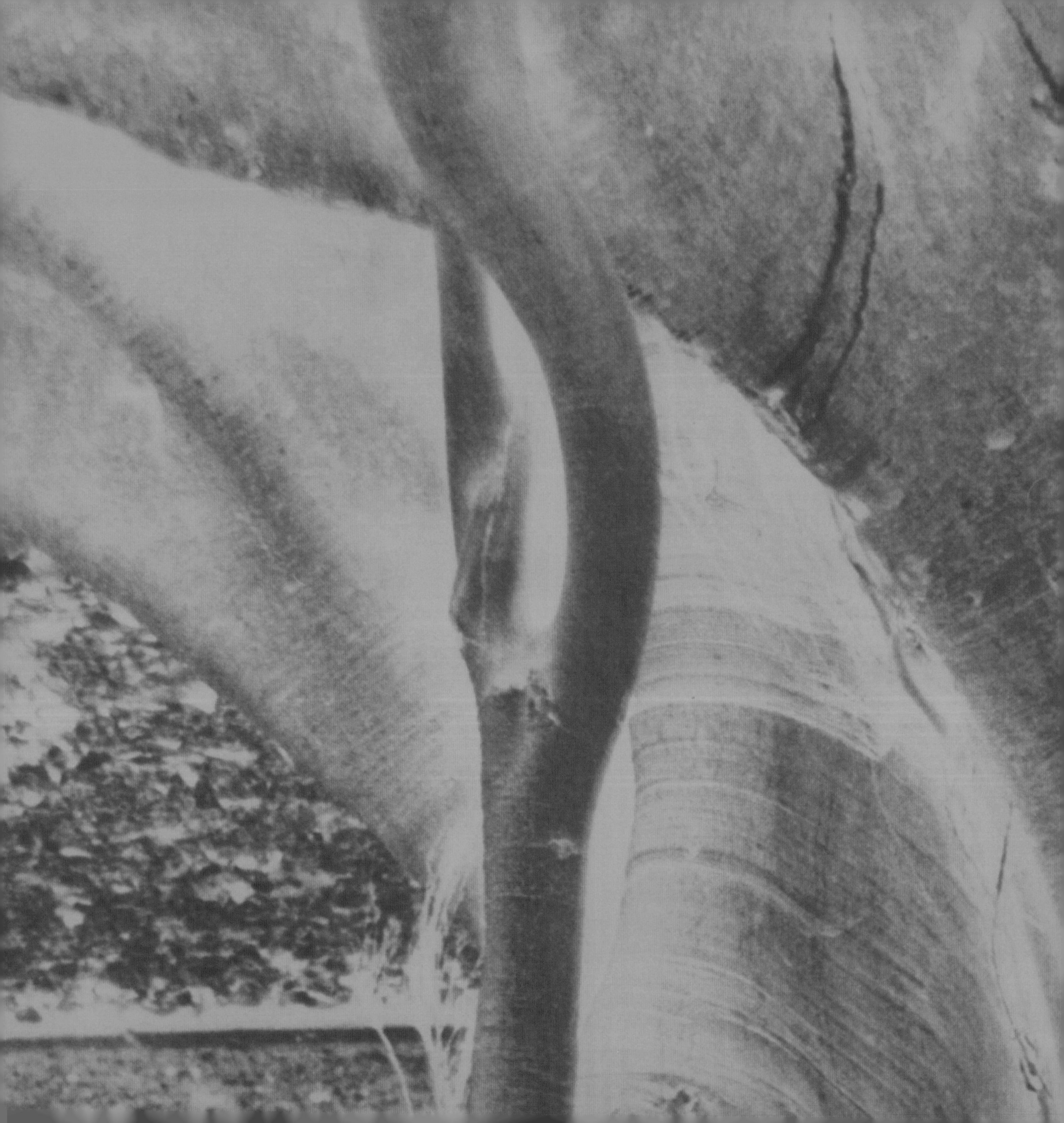

proporzione

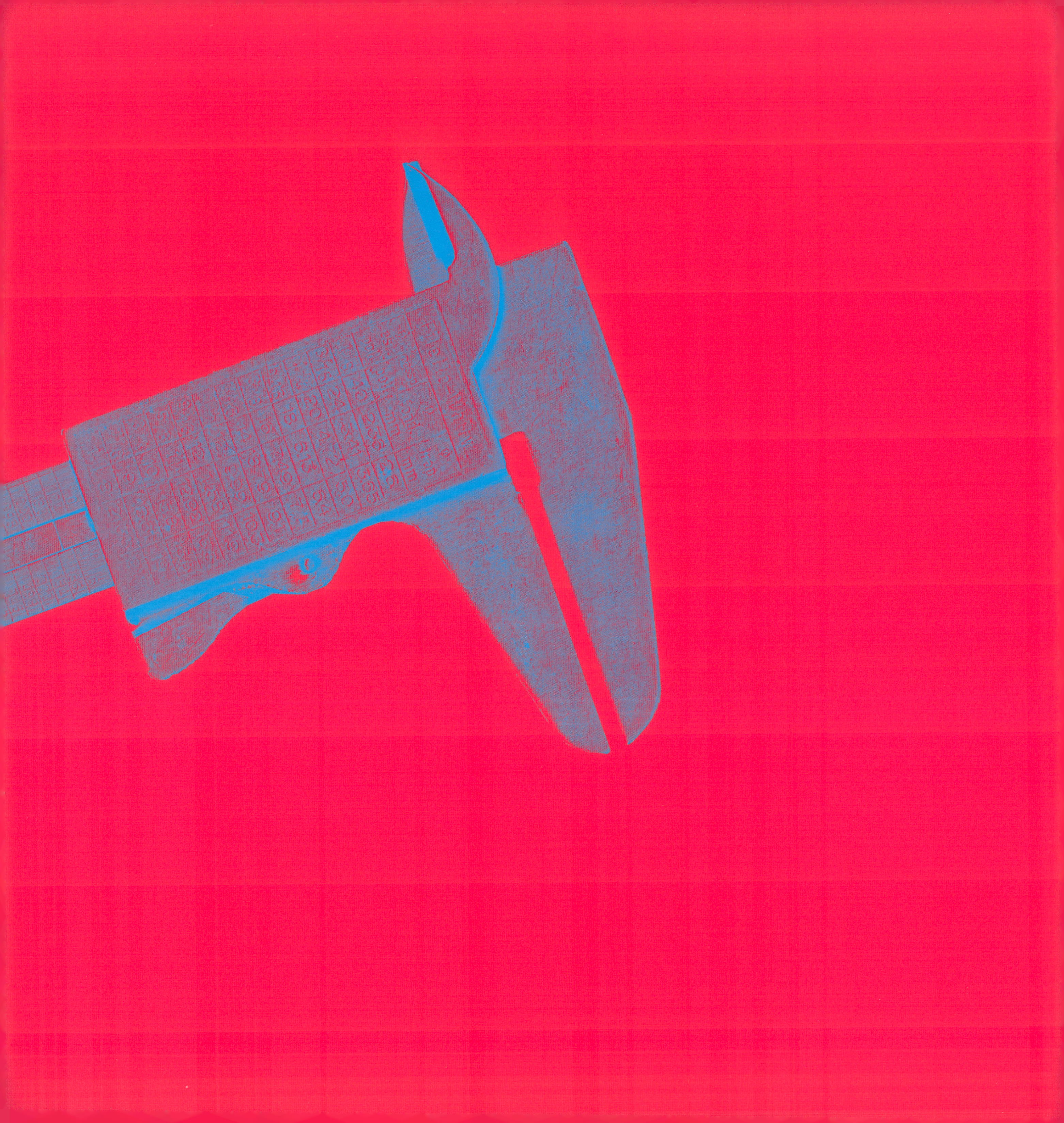

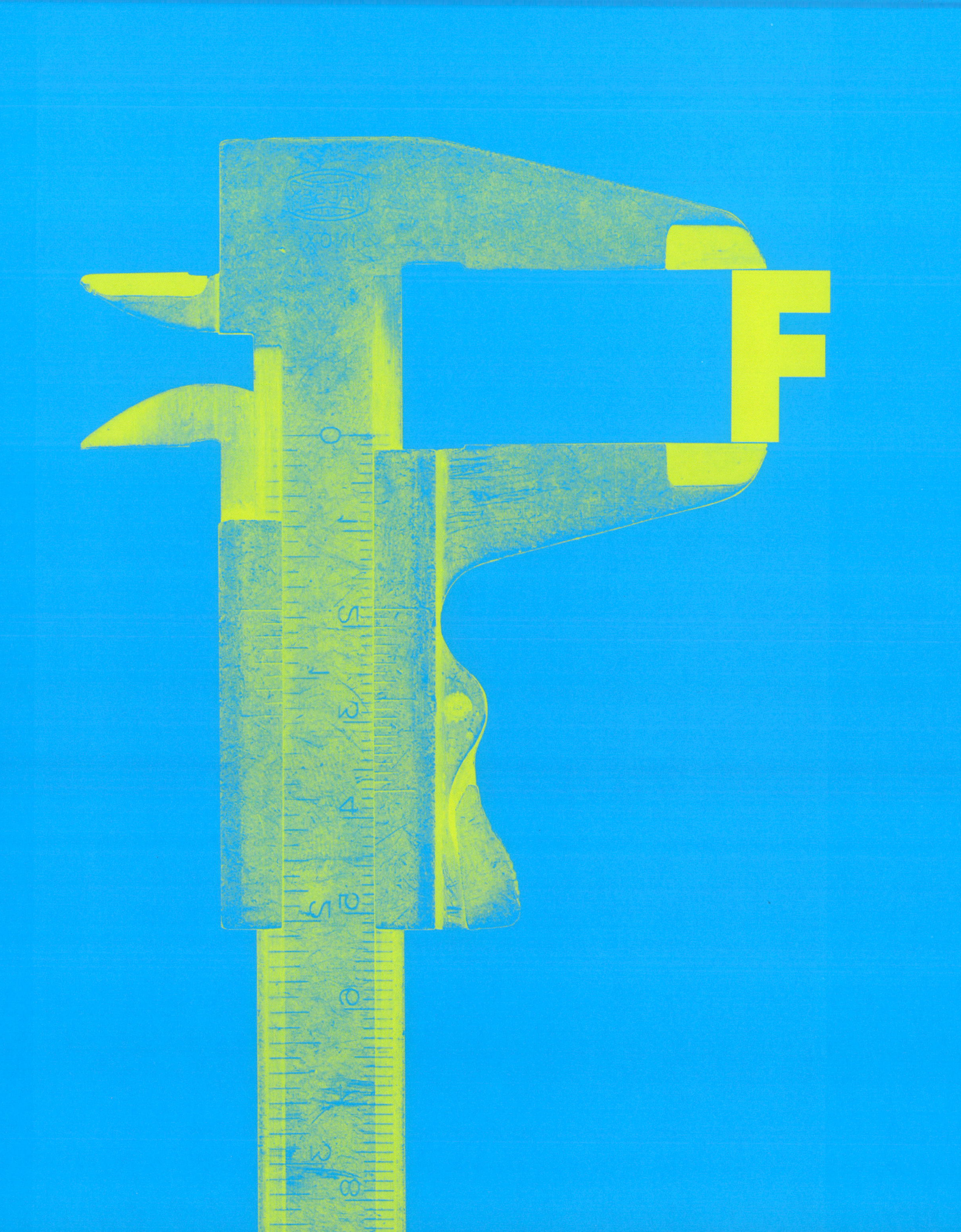

ascolto

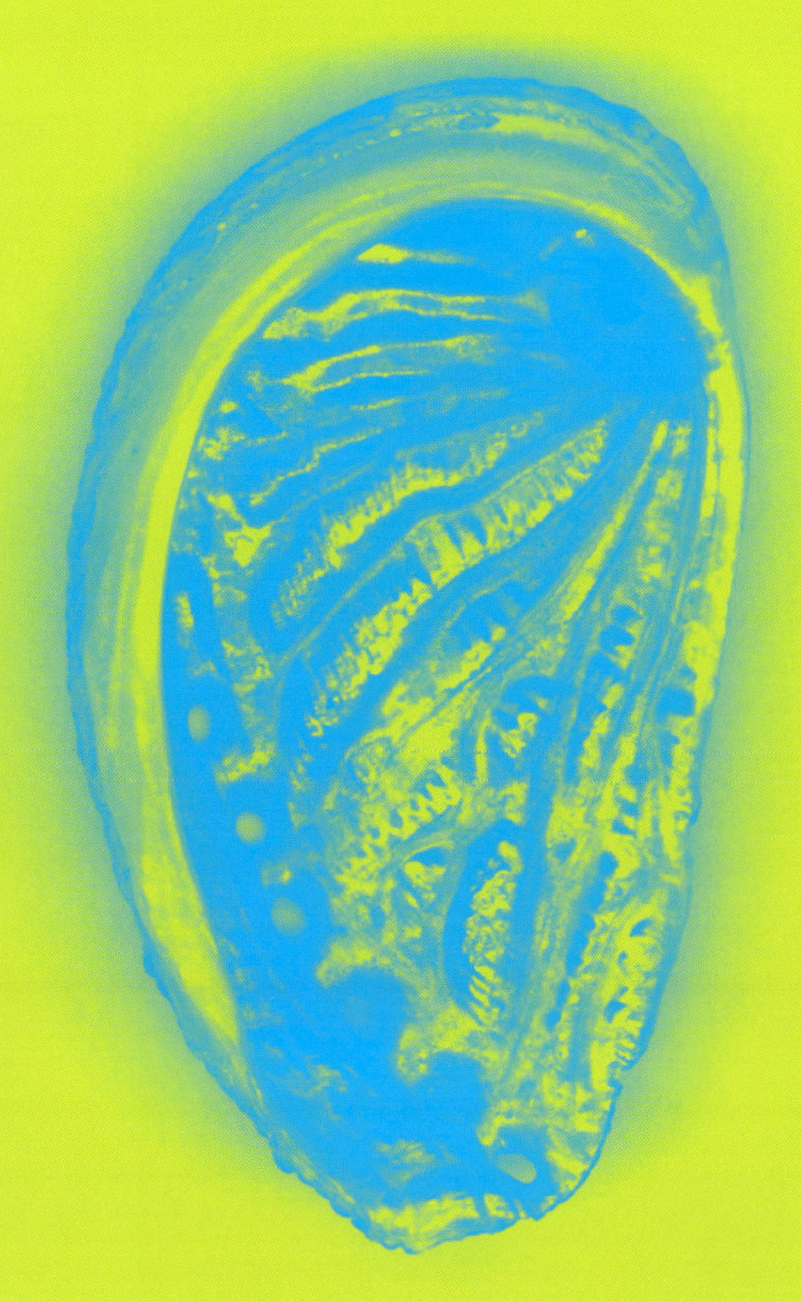

hotel

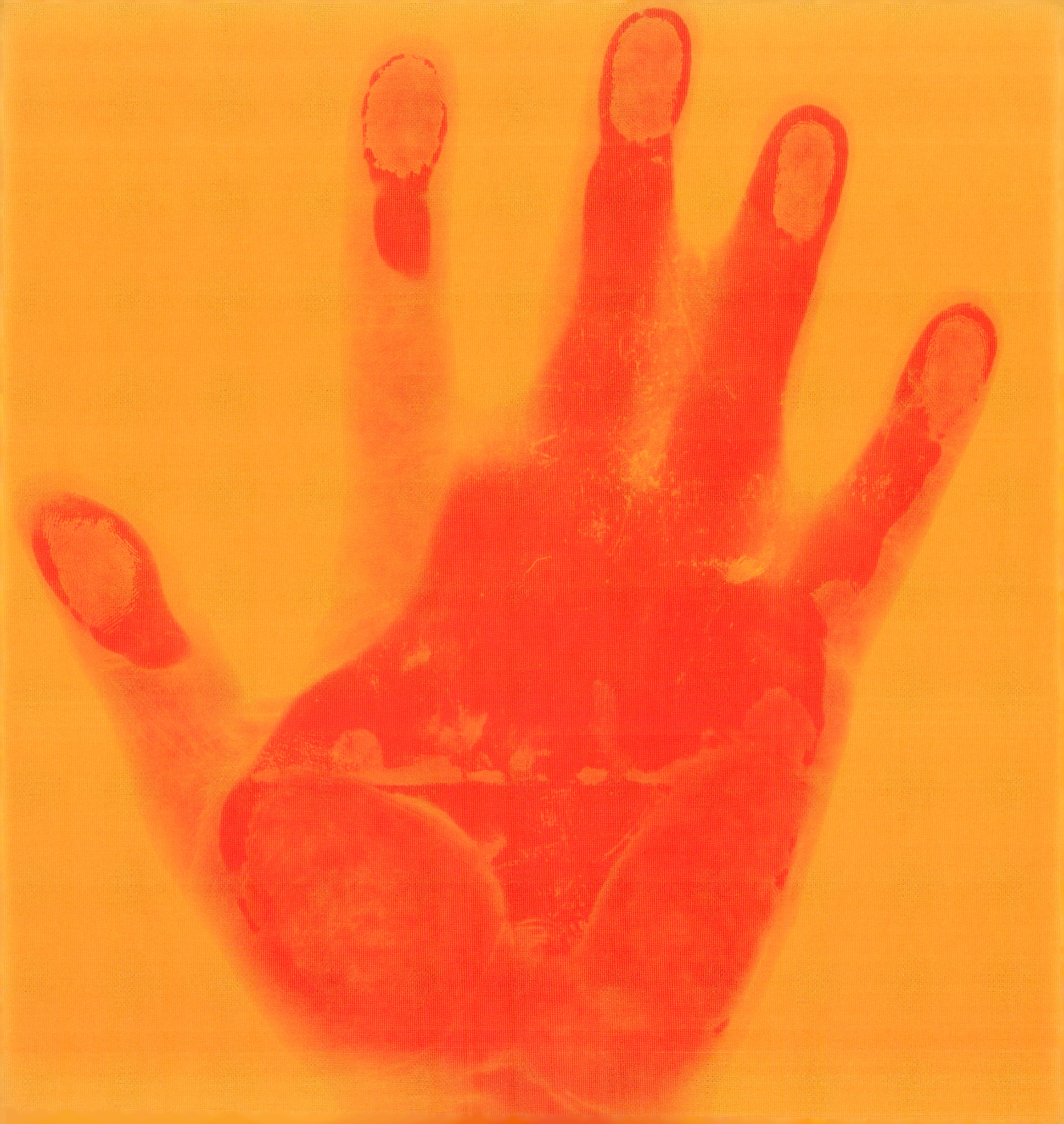

1 2 3 4 5

prigione

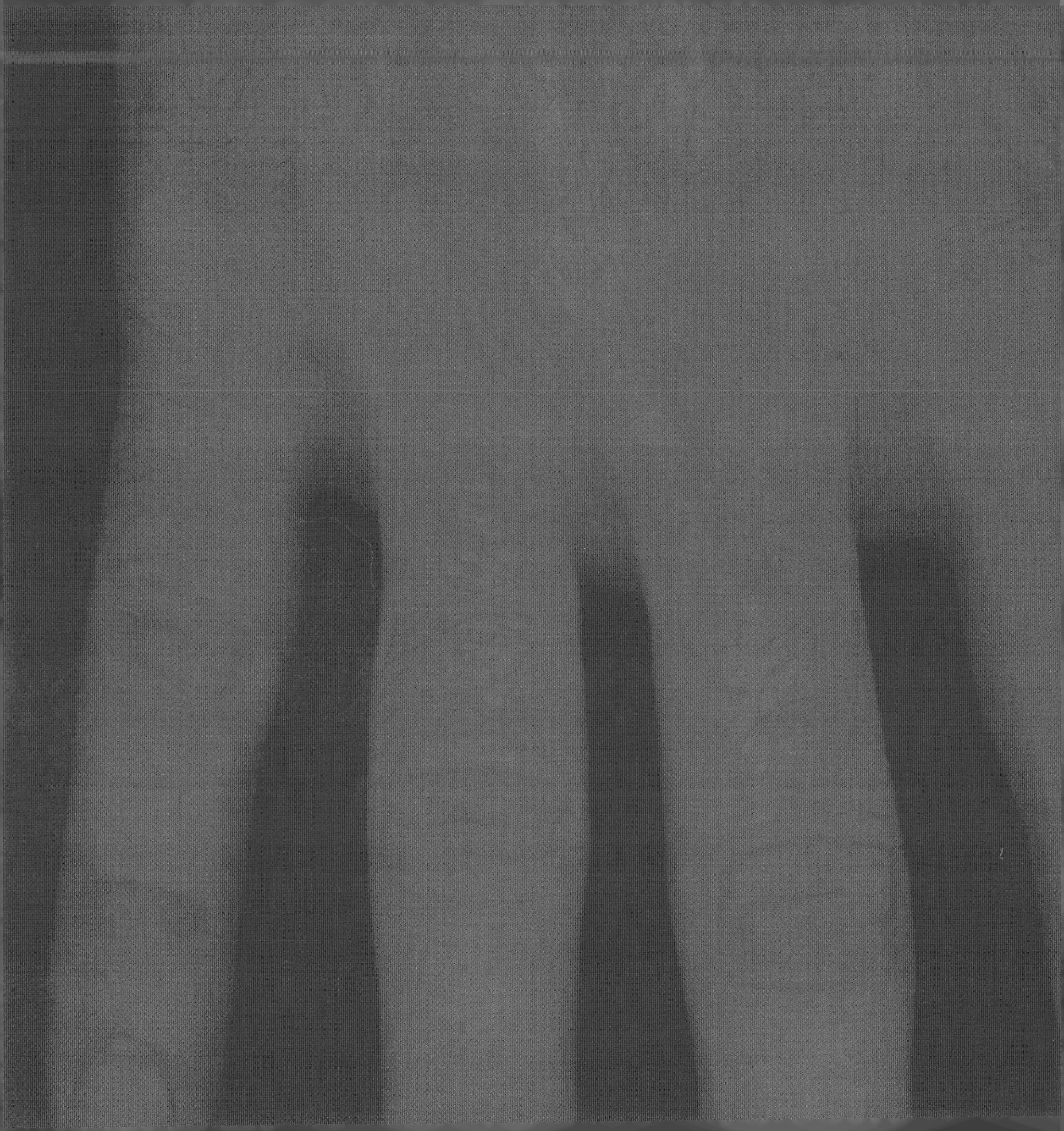

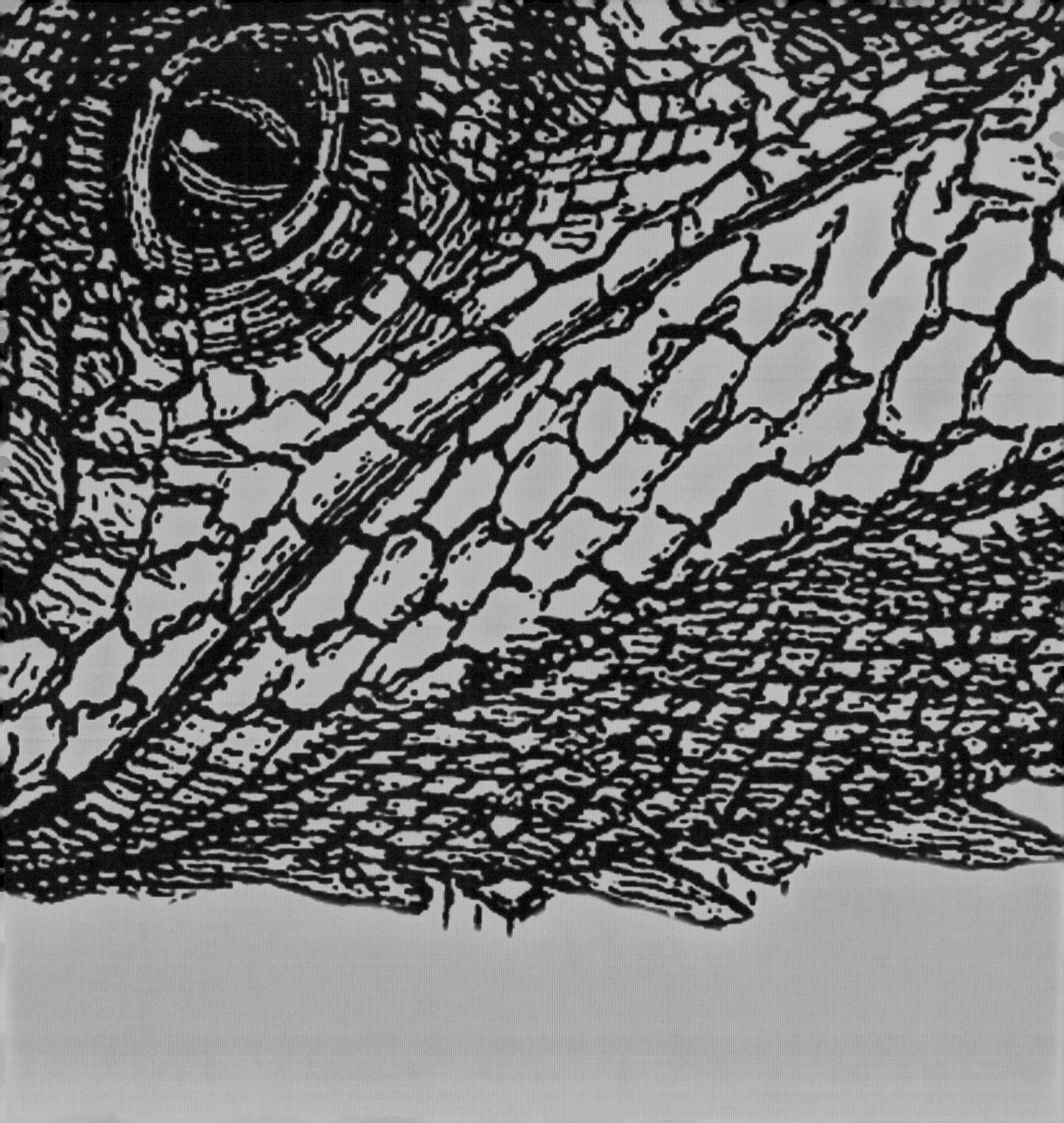

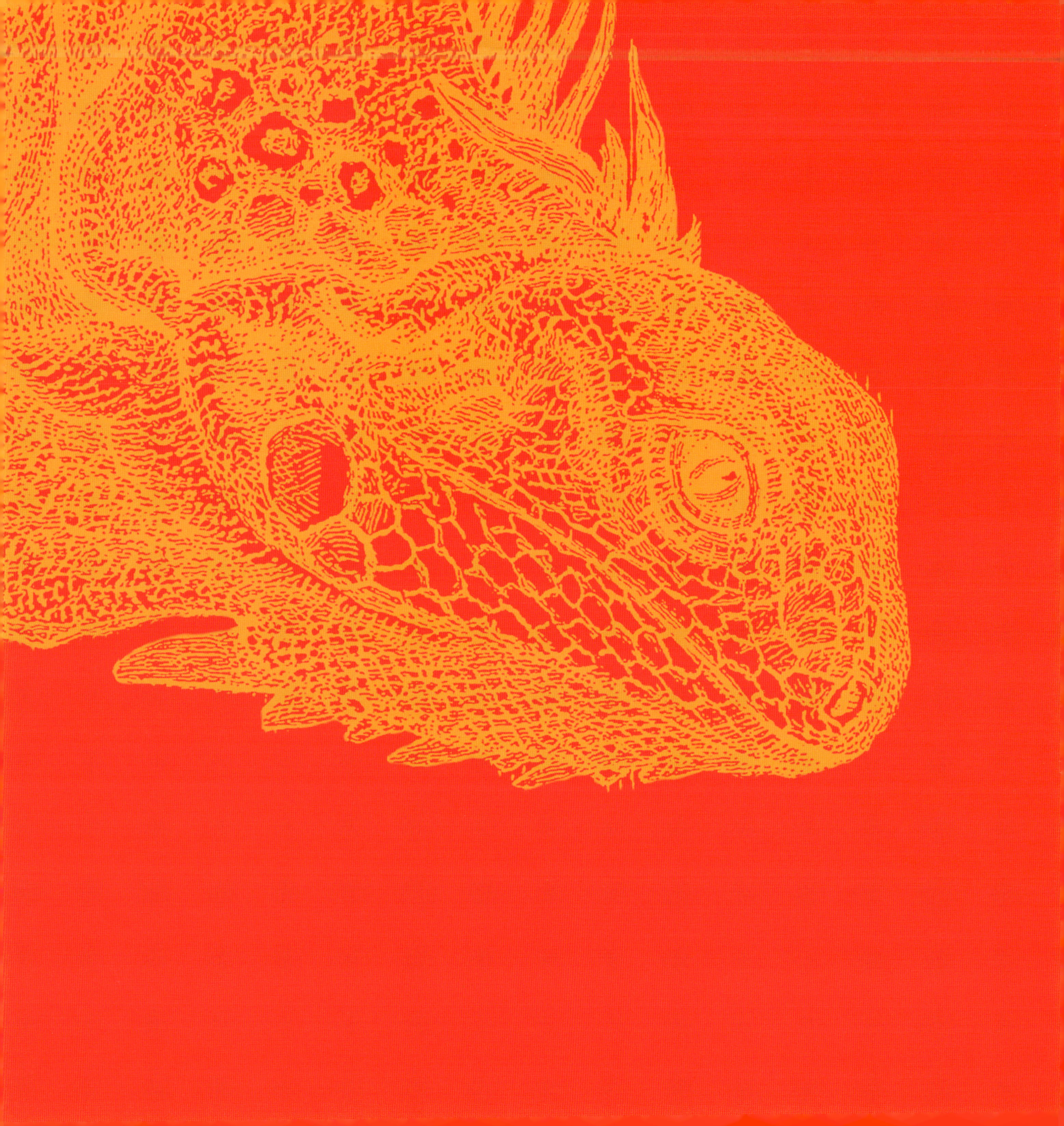

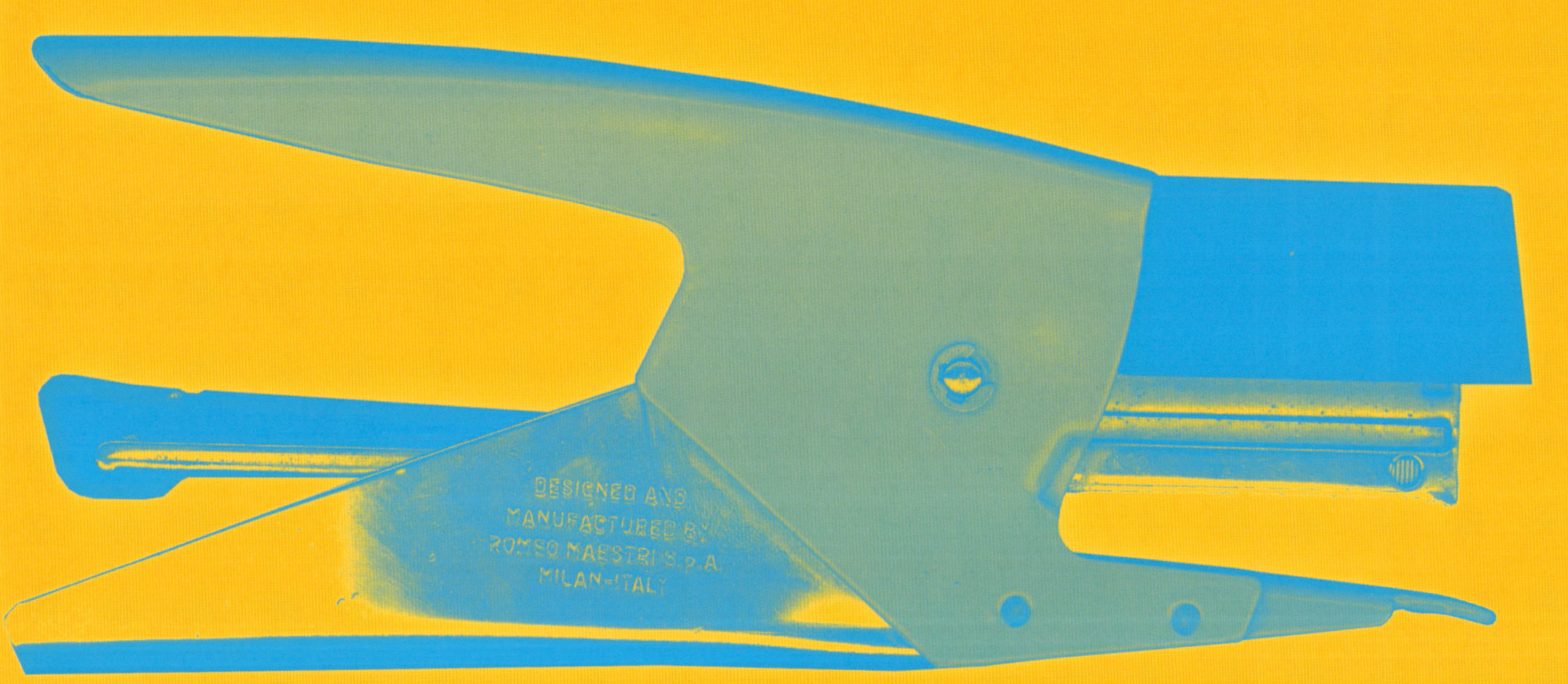
DESIGNED AND
MANUFACTURED BY
ROMEO MAESTRI S.P.A.
MILAN-ITALY

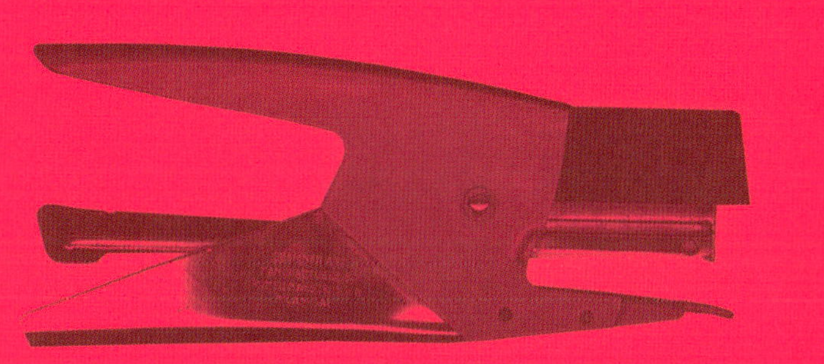
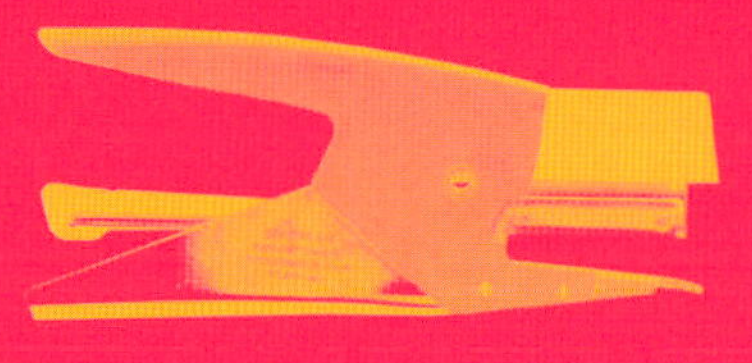
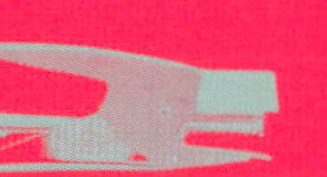

paesaggio

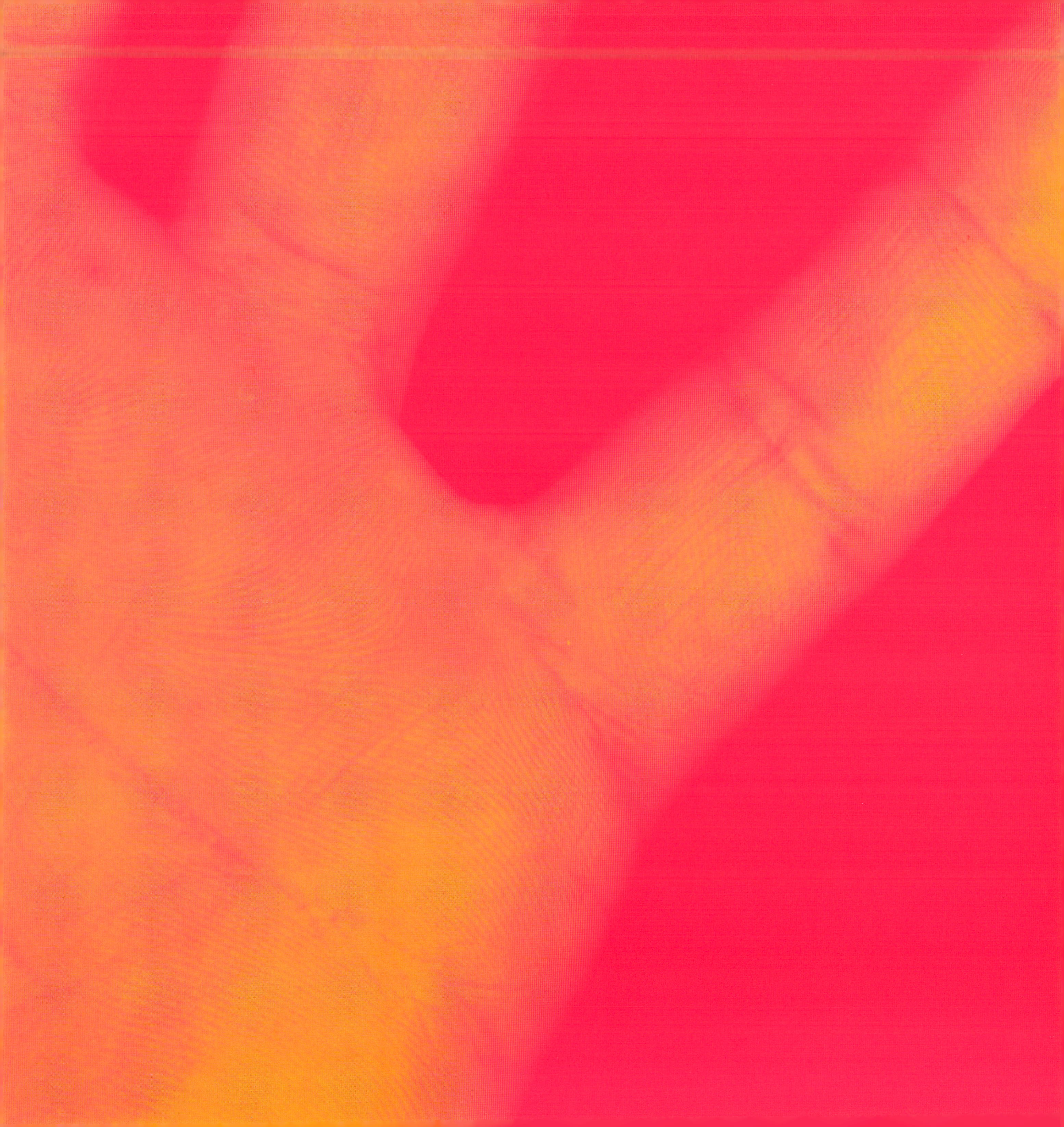

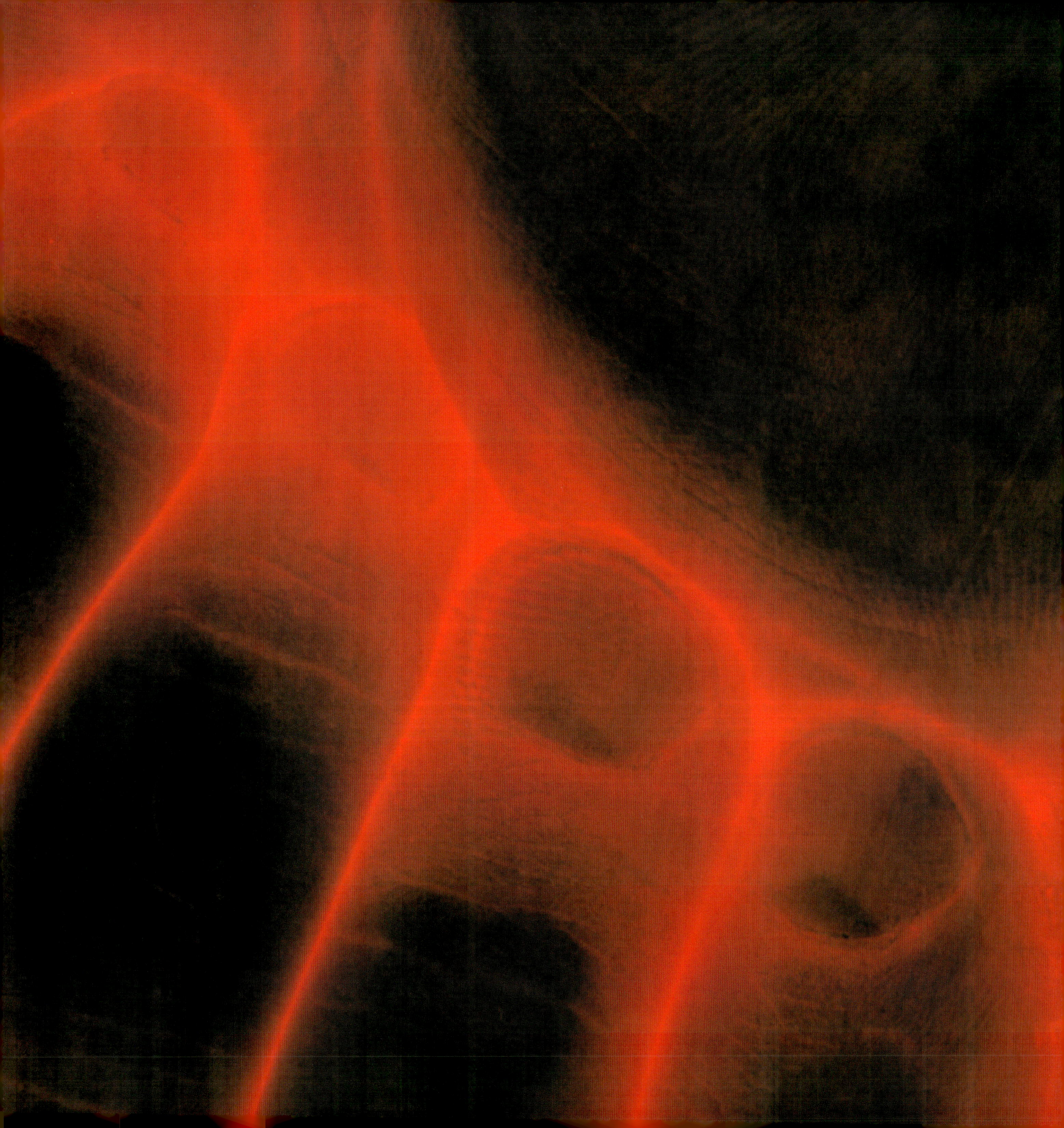

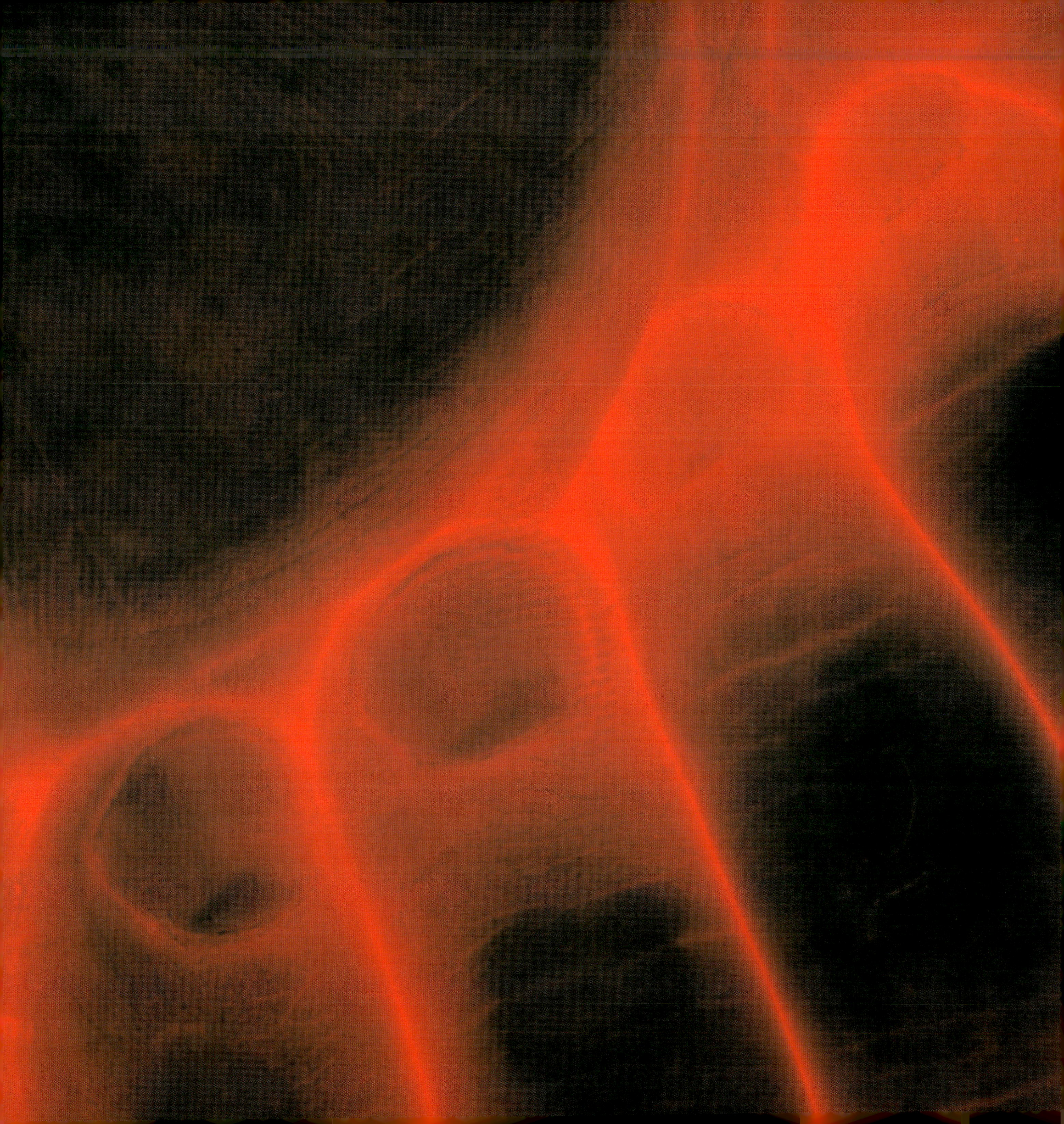

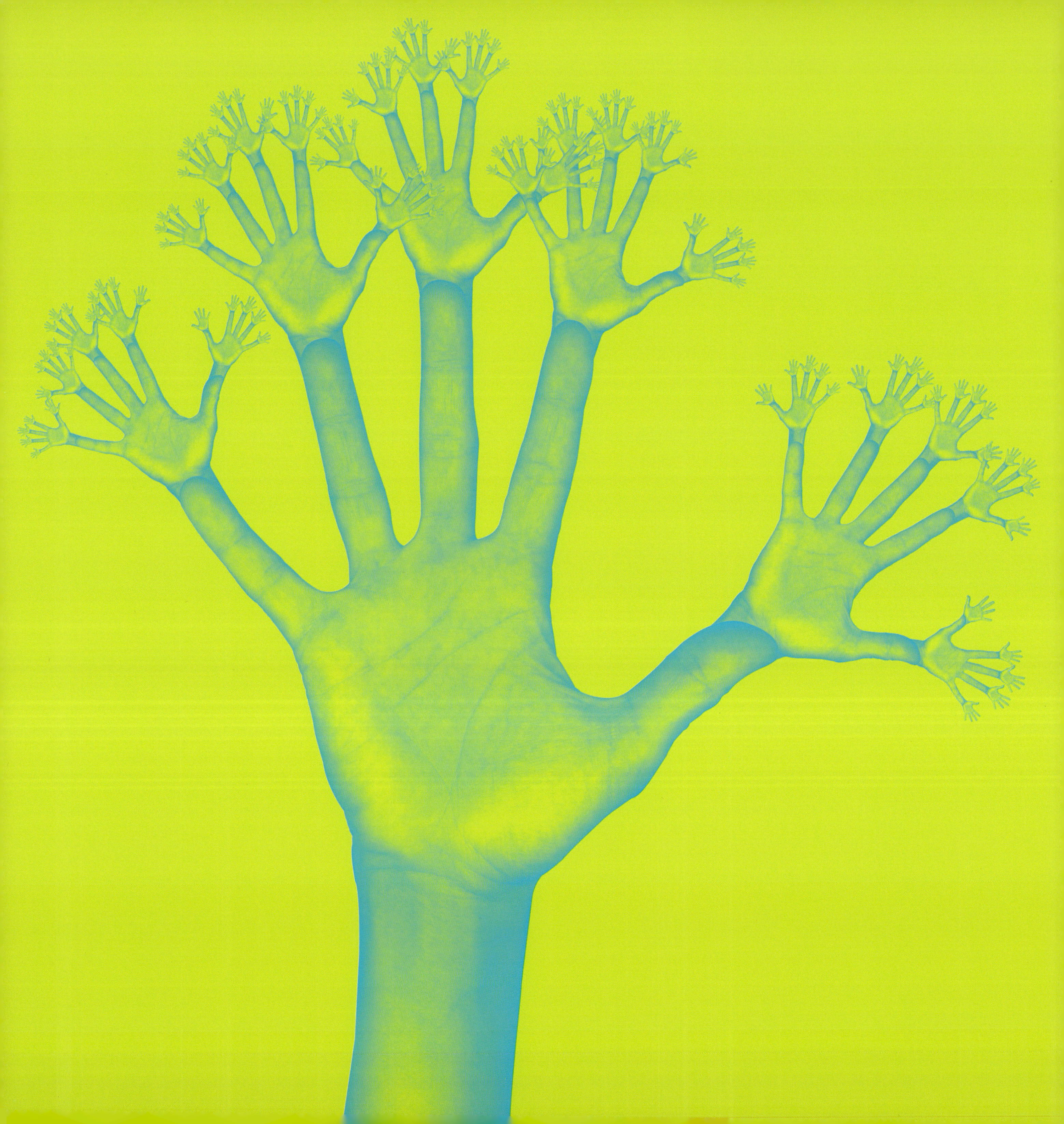

equilibrio

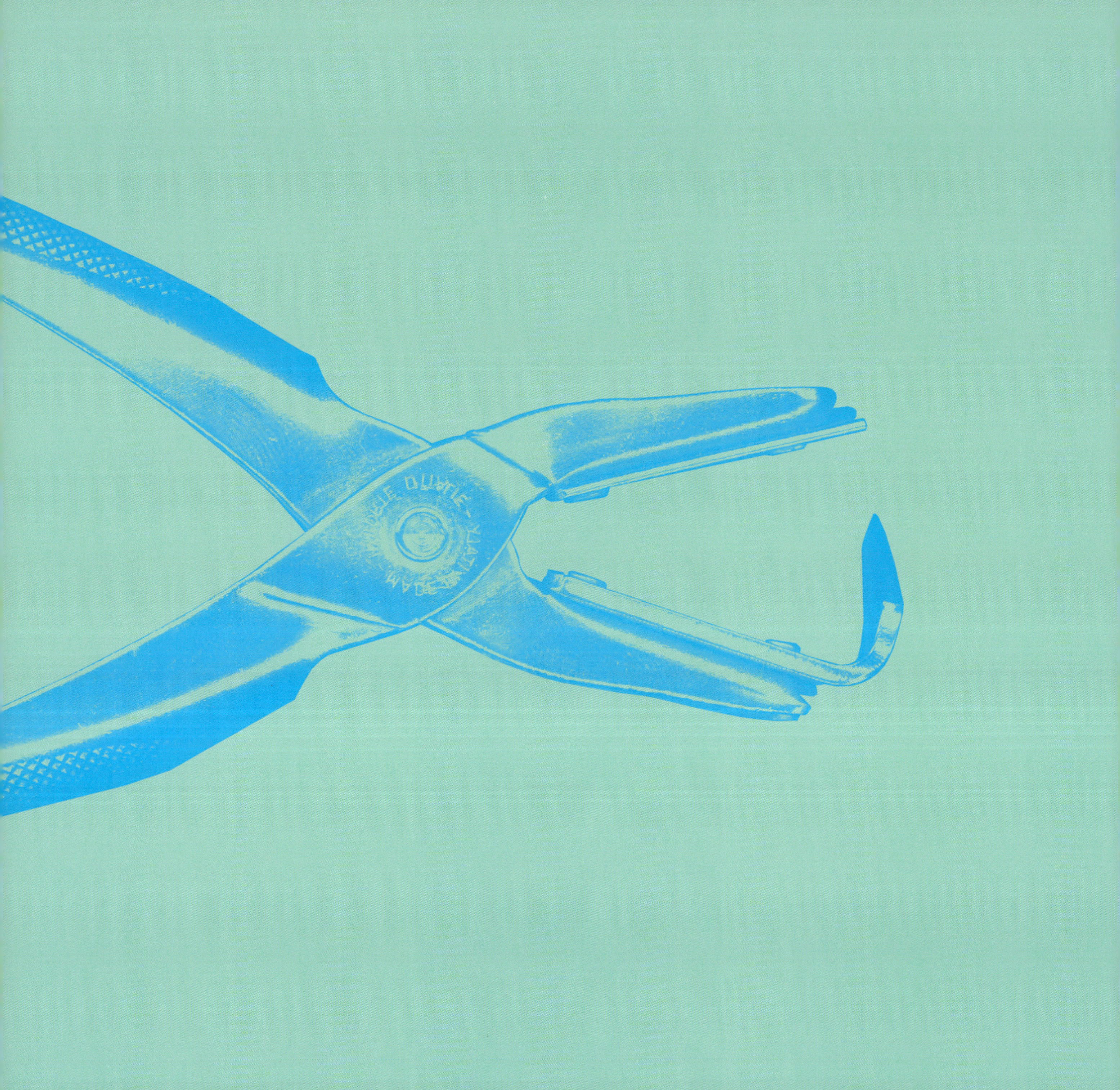

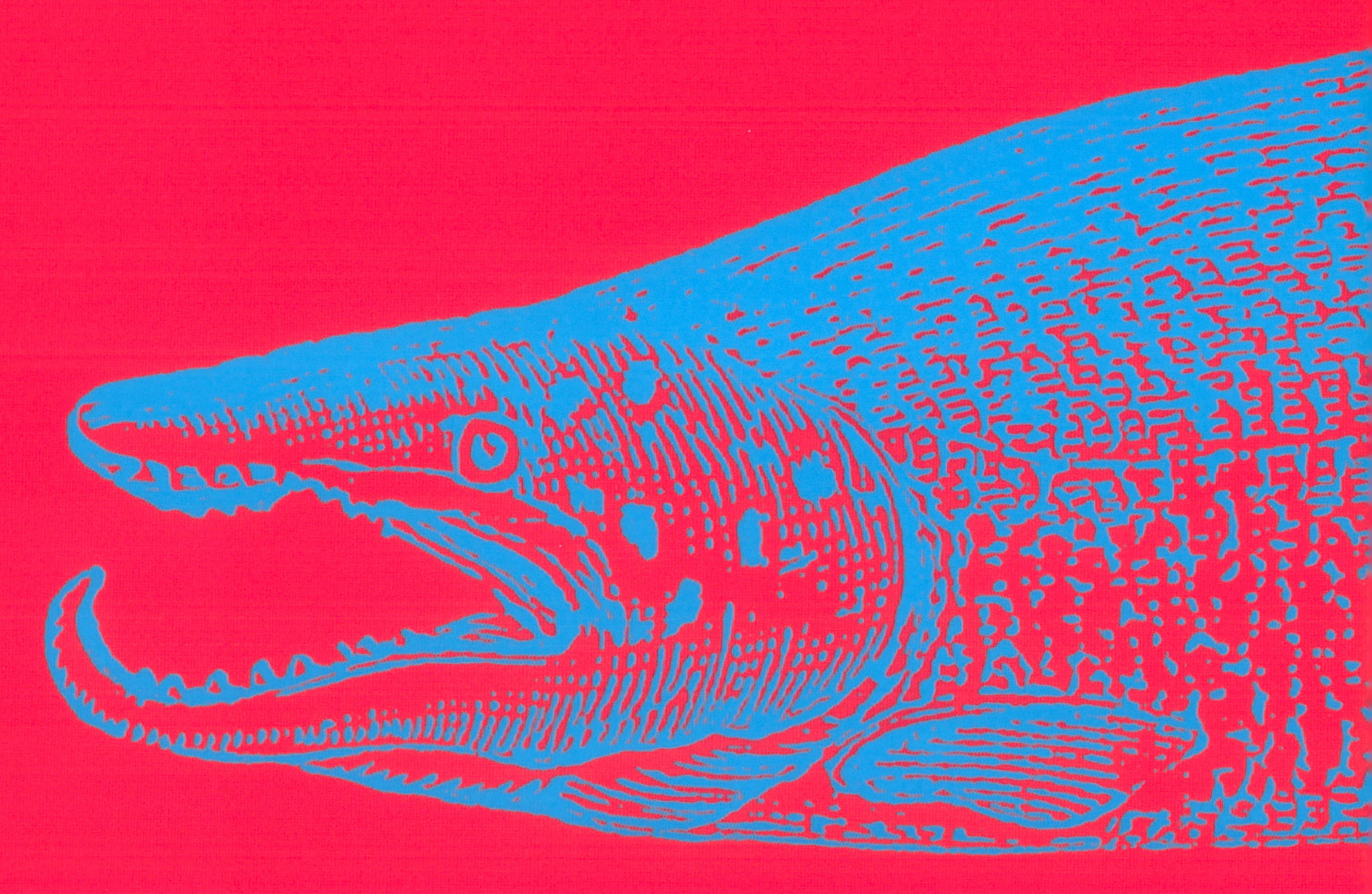

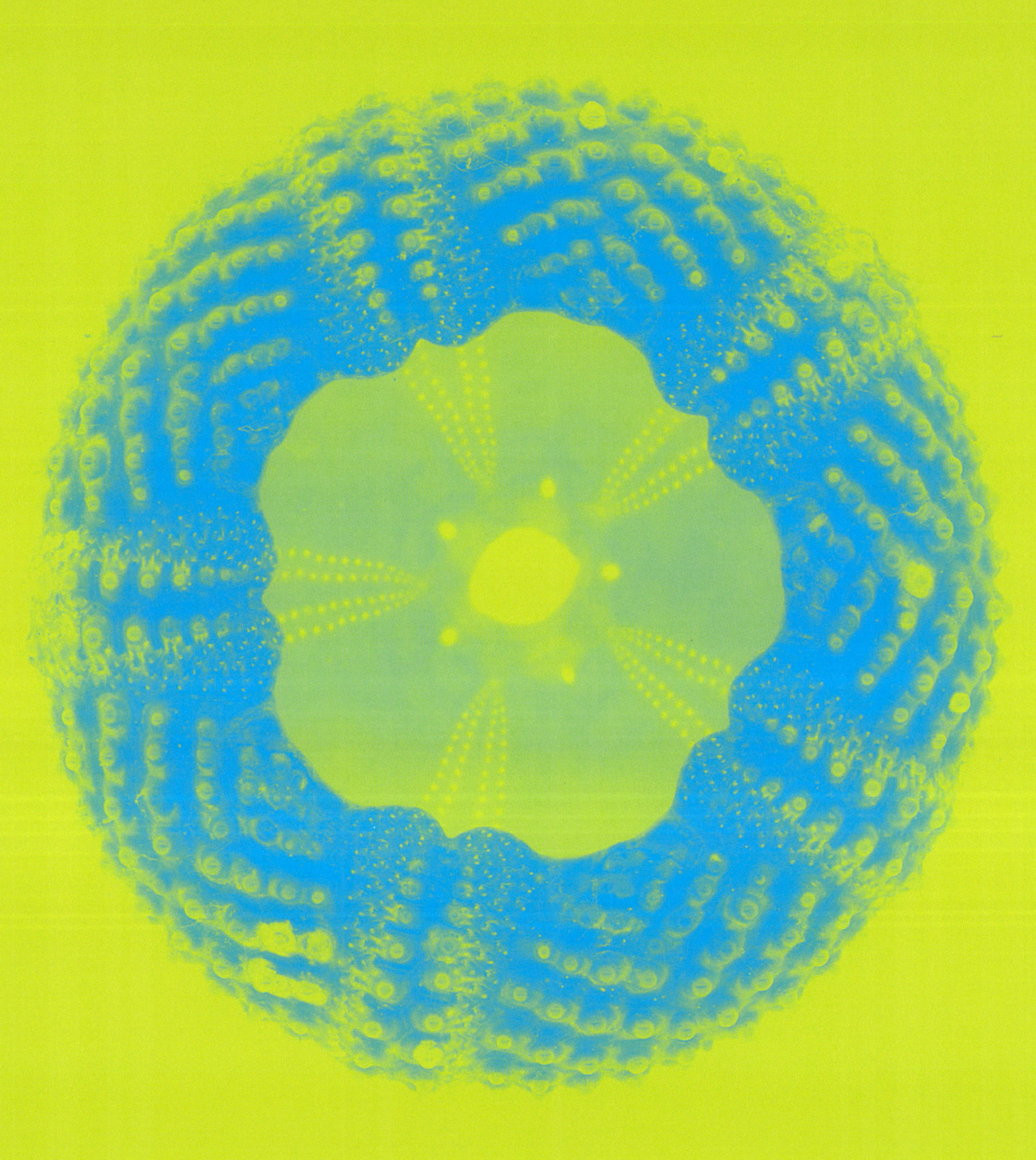

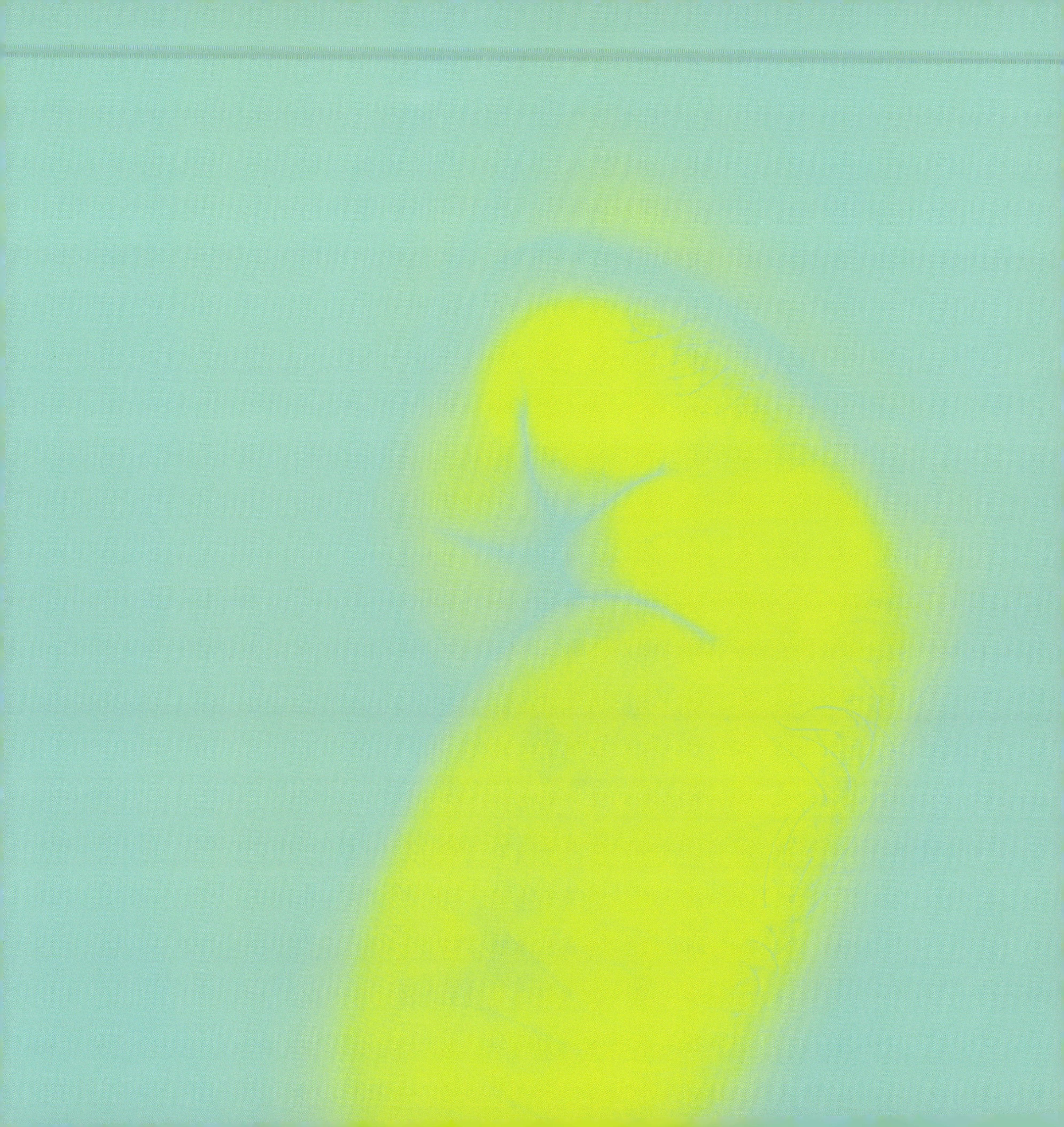

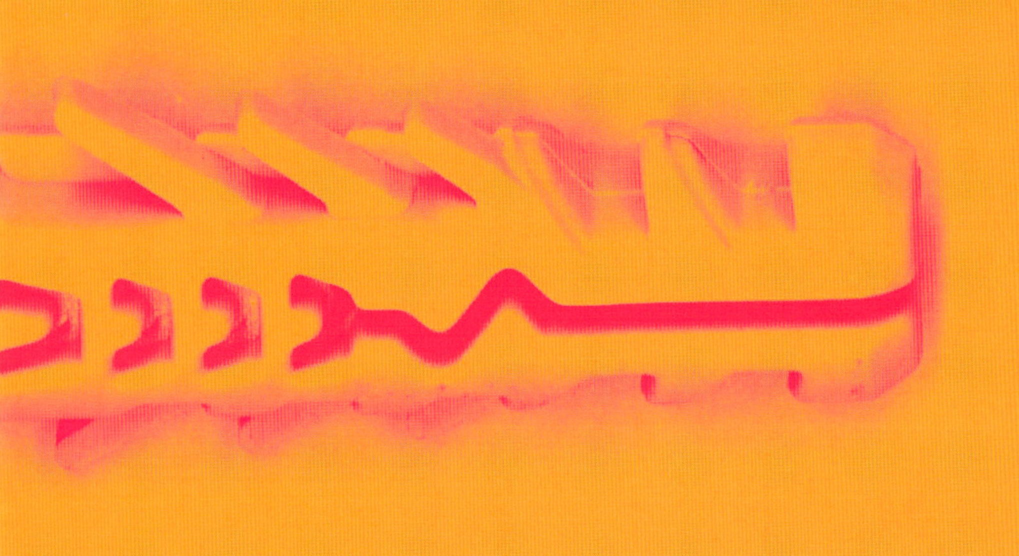

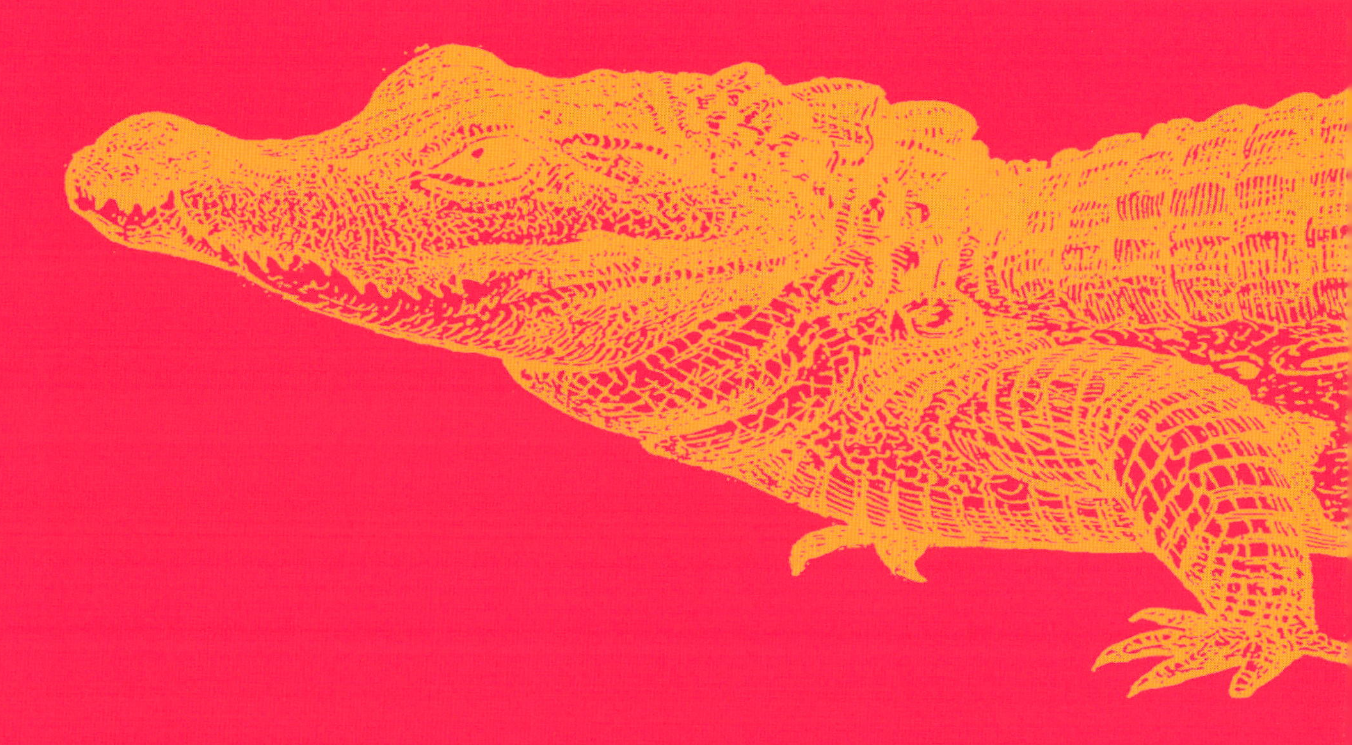

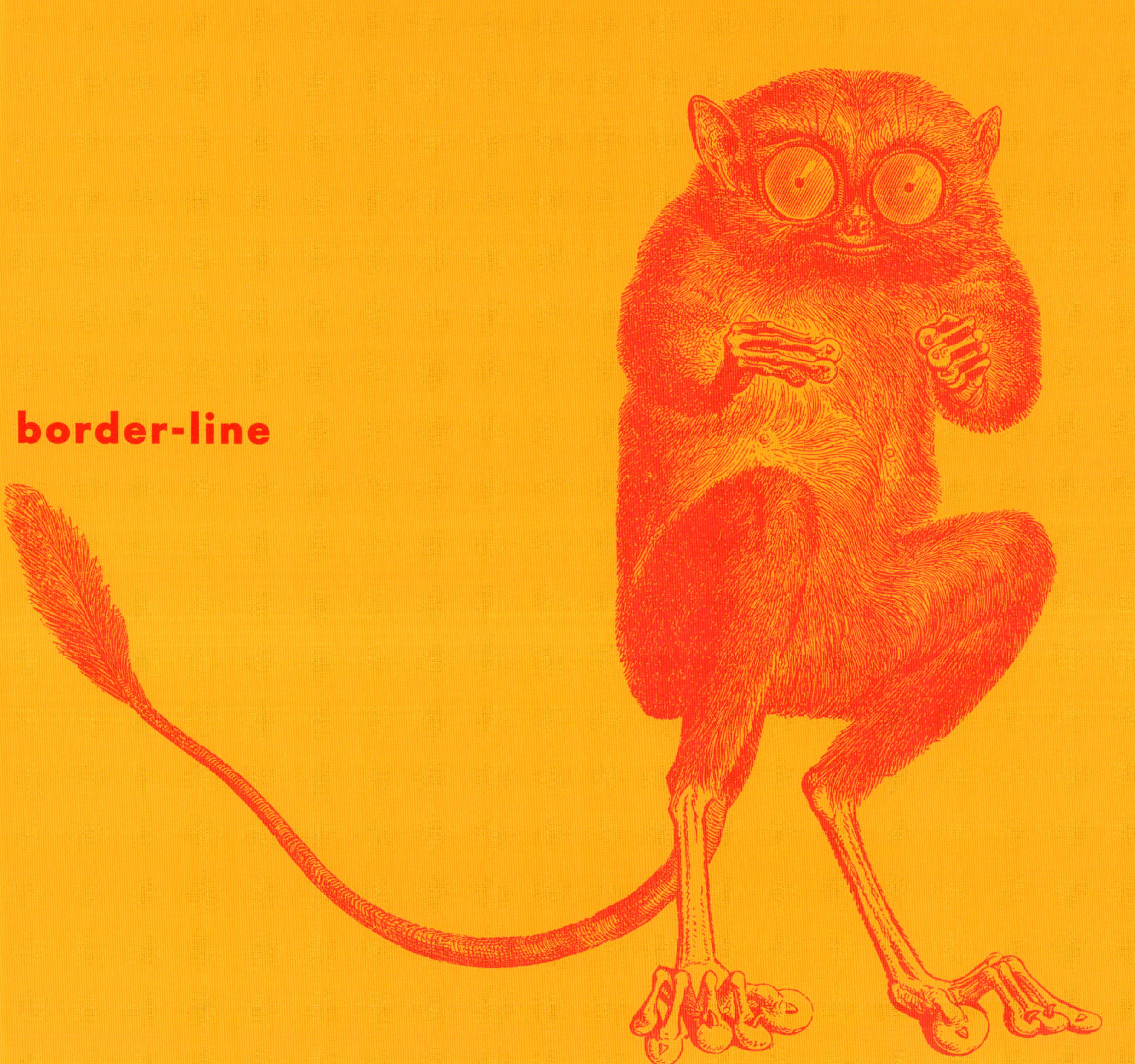
border-line

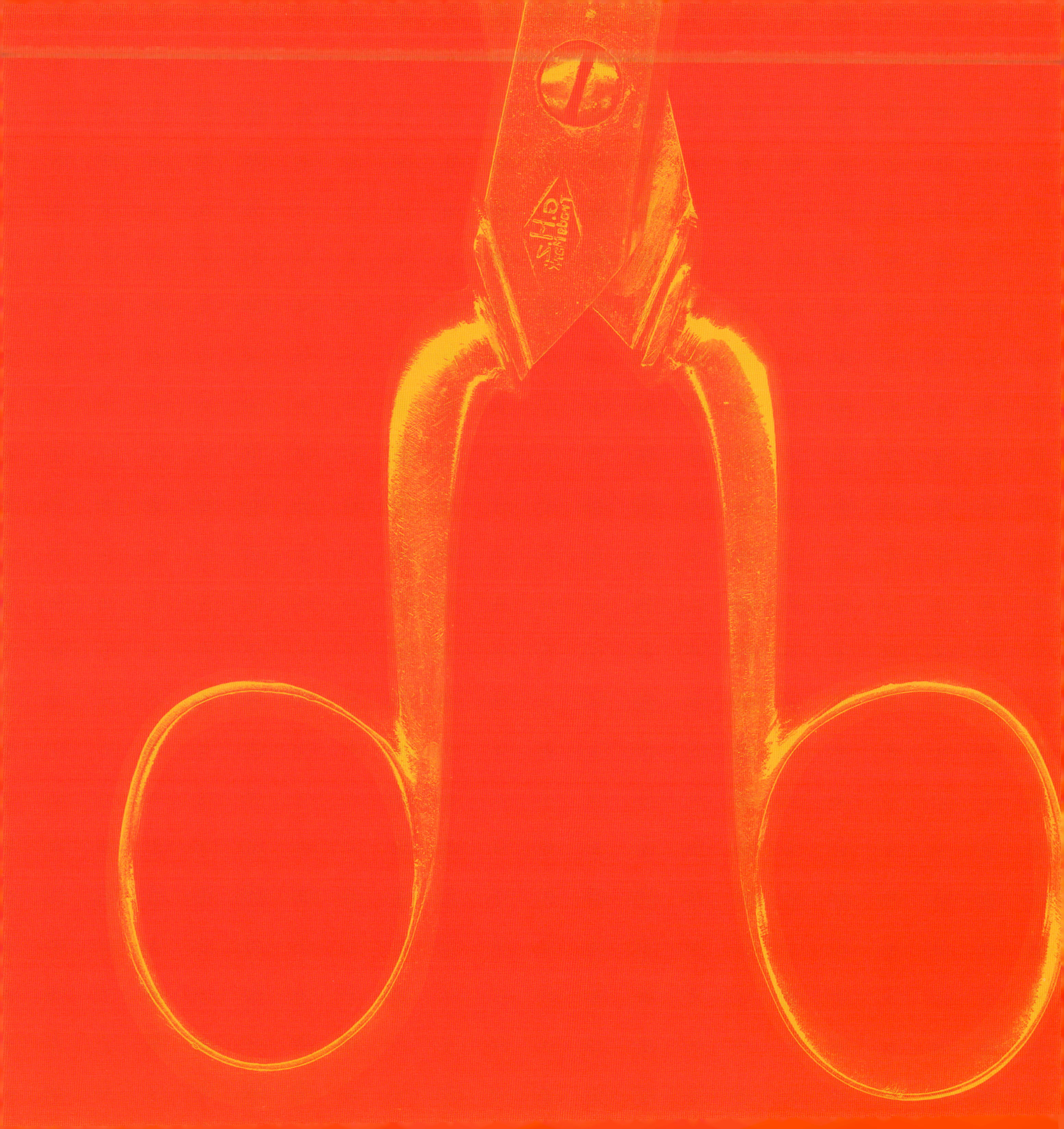

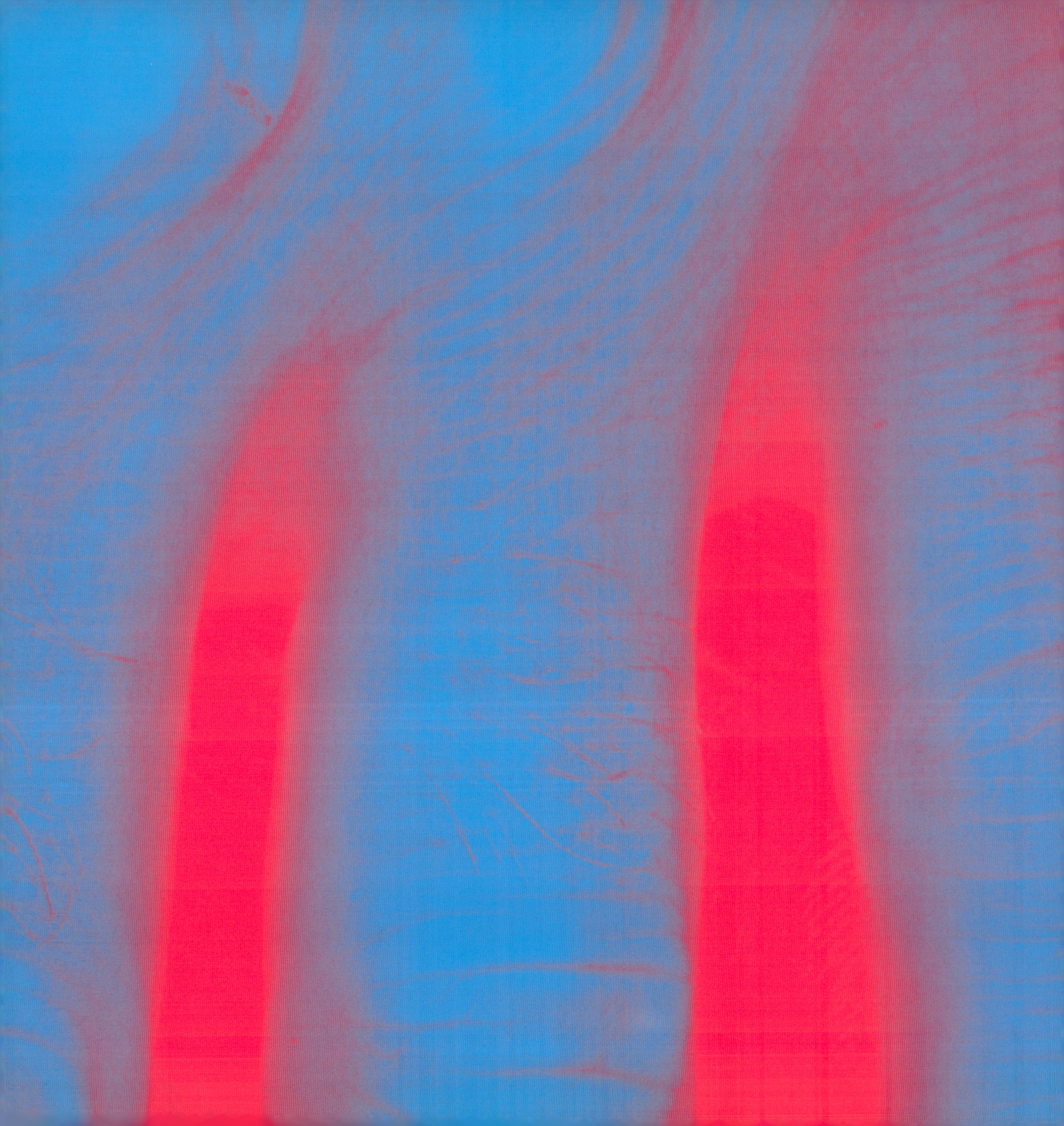

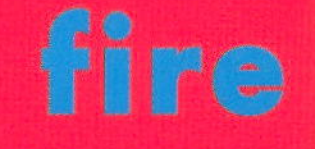

fire

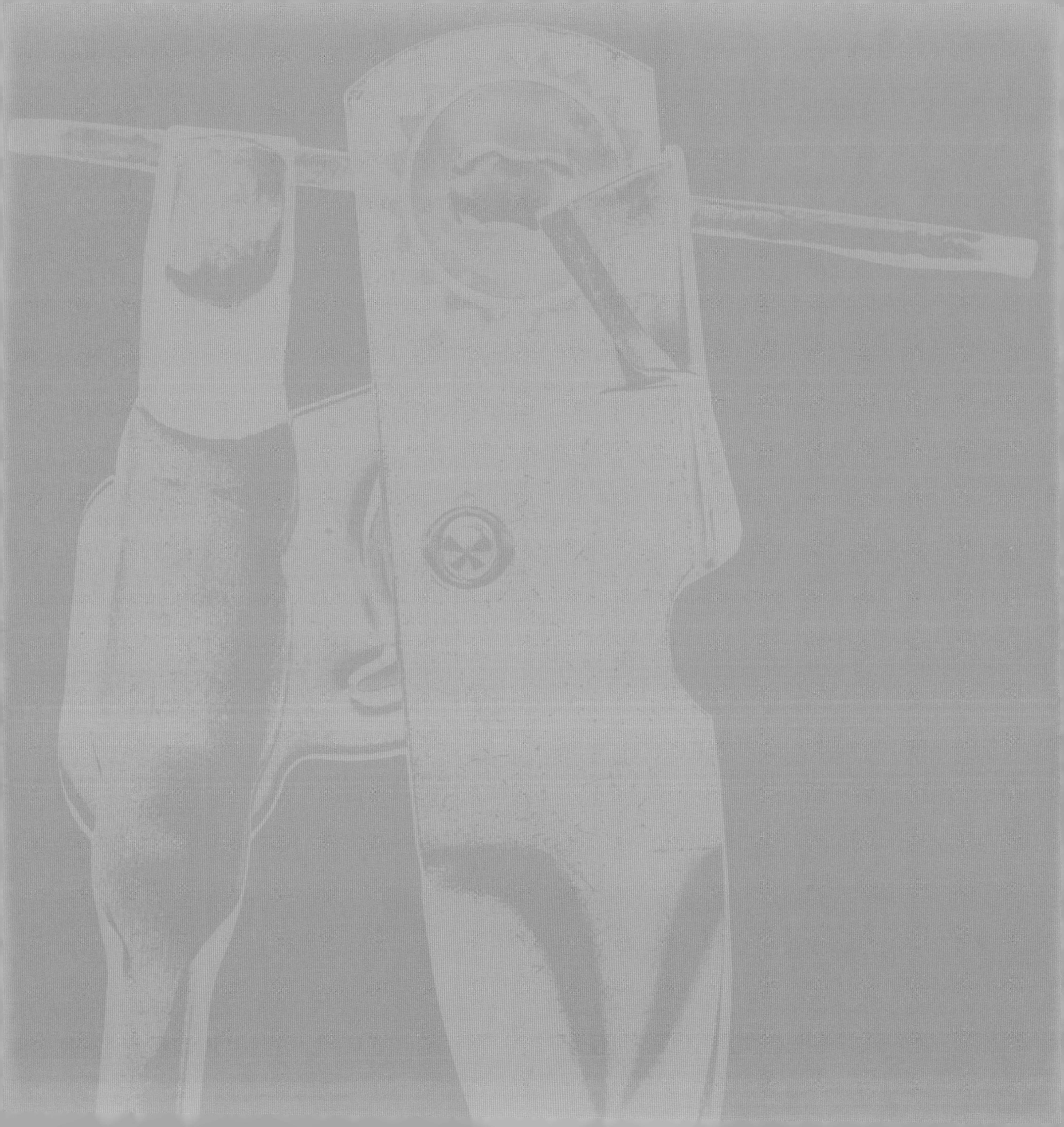

**man with yellow hat**

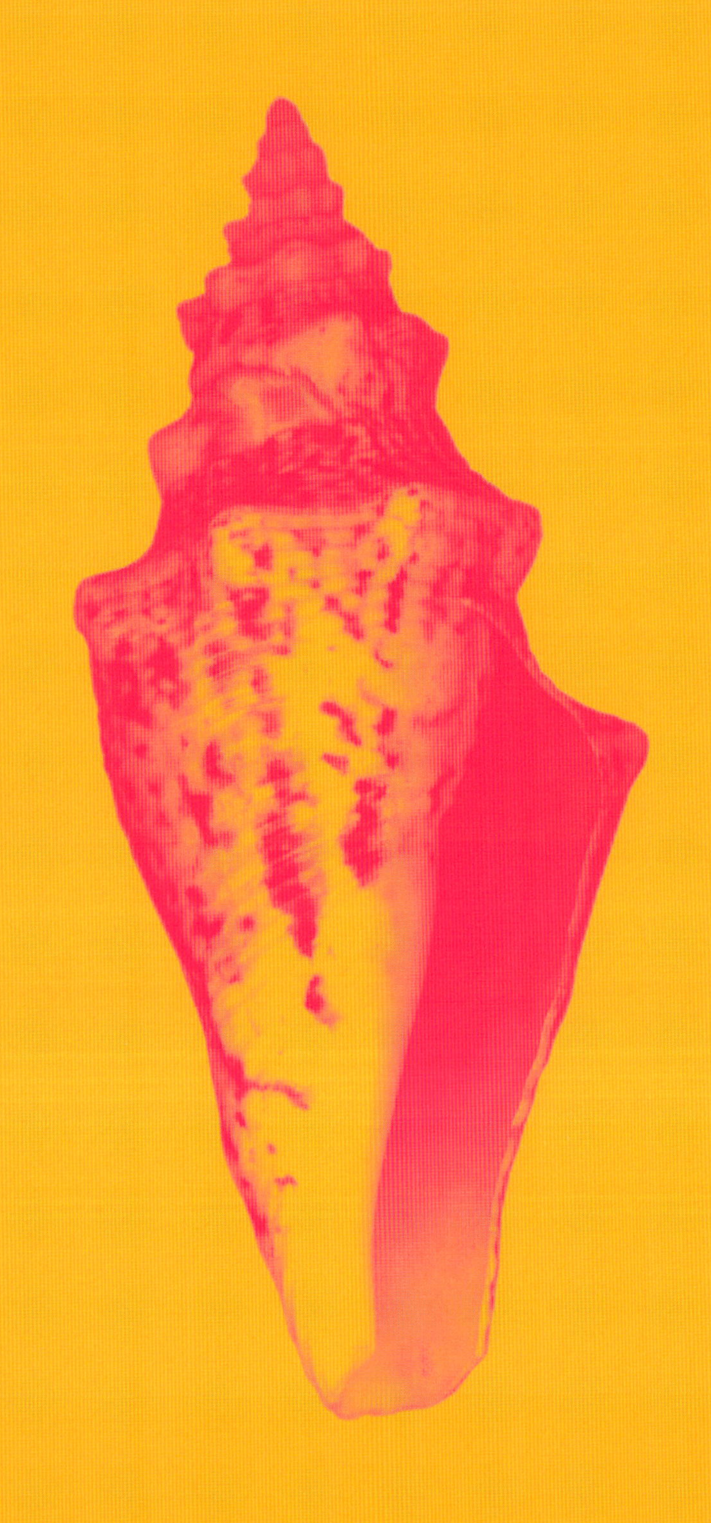

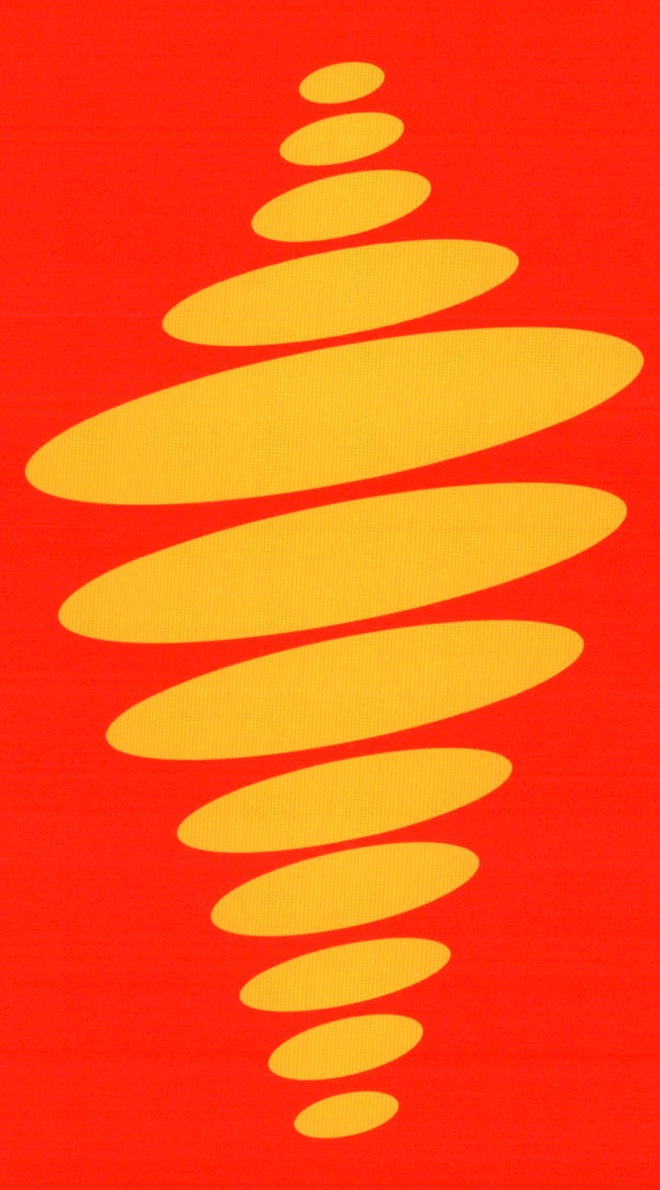

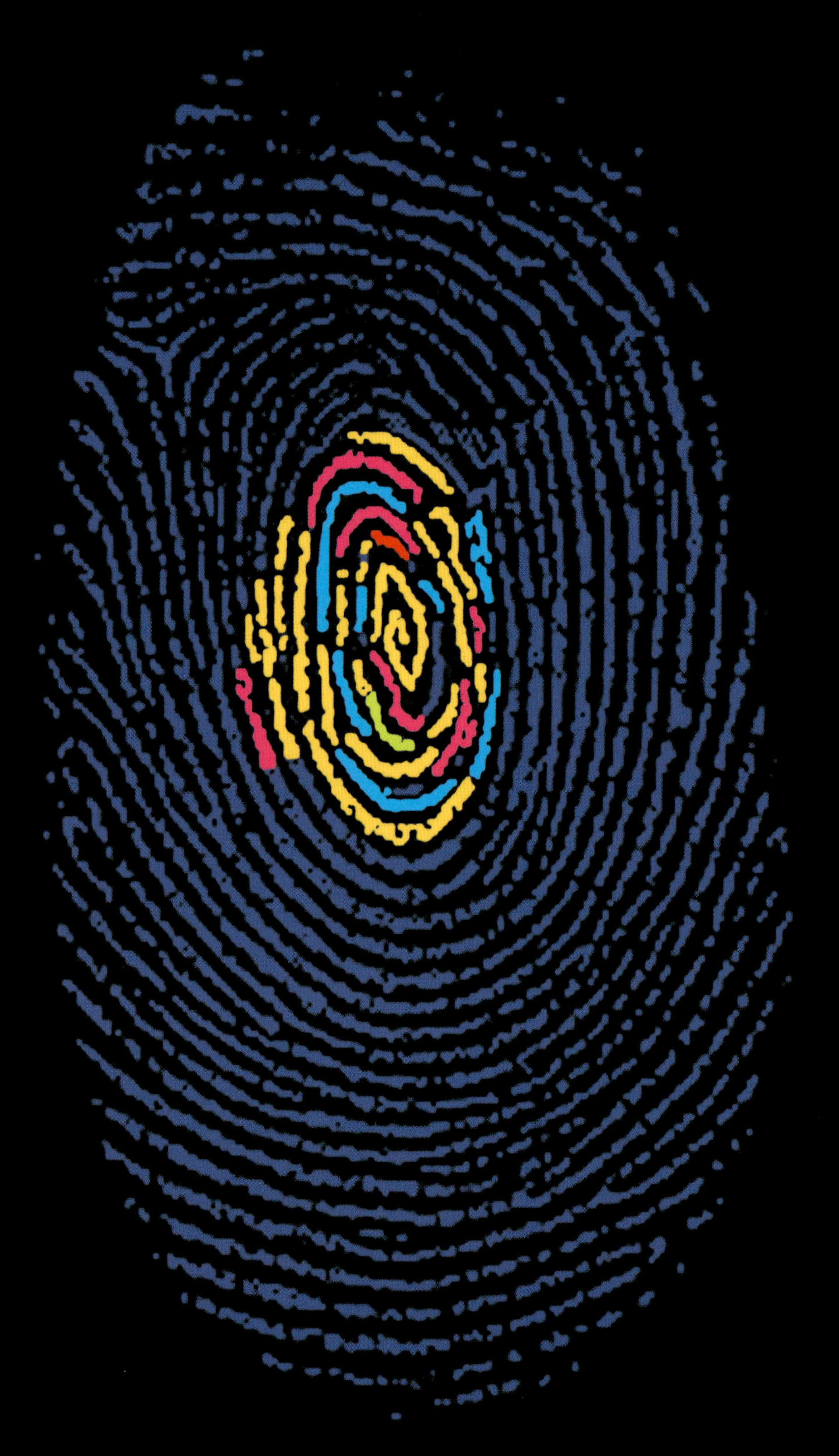

isolamento

restituzioni

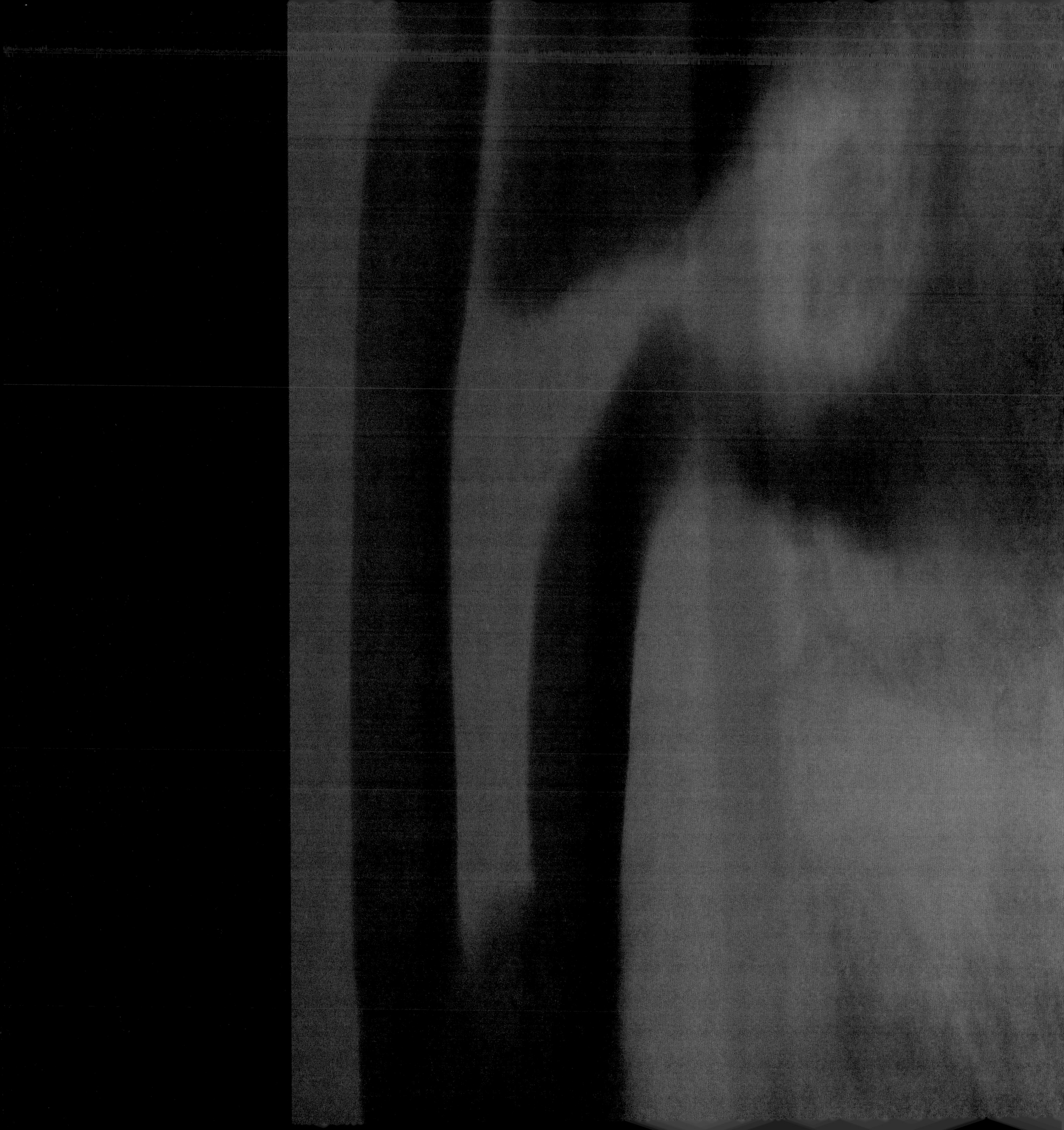

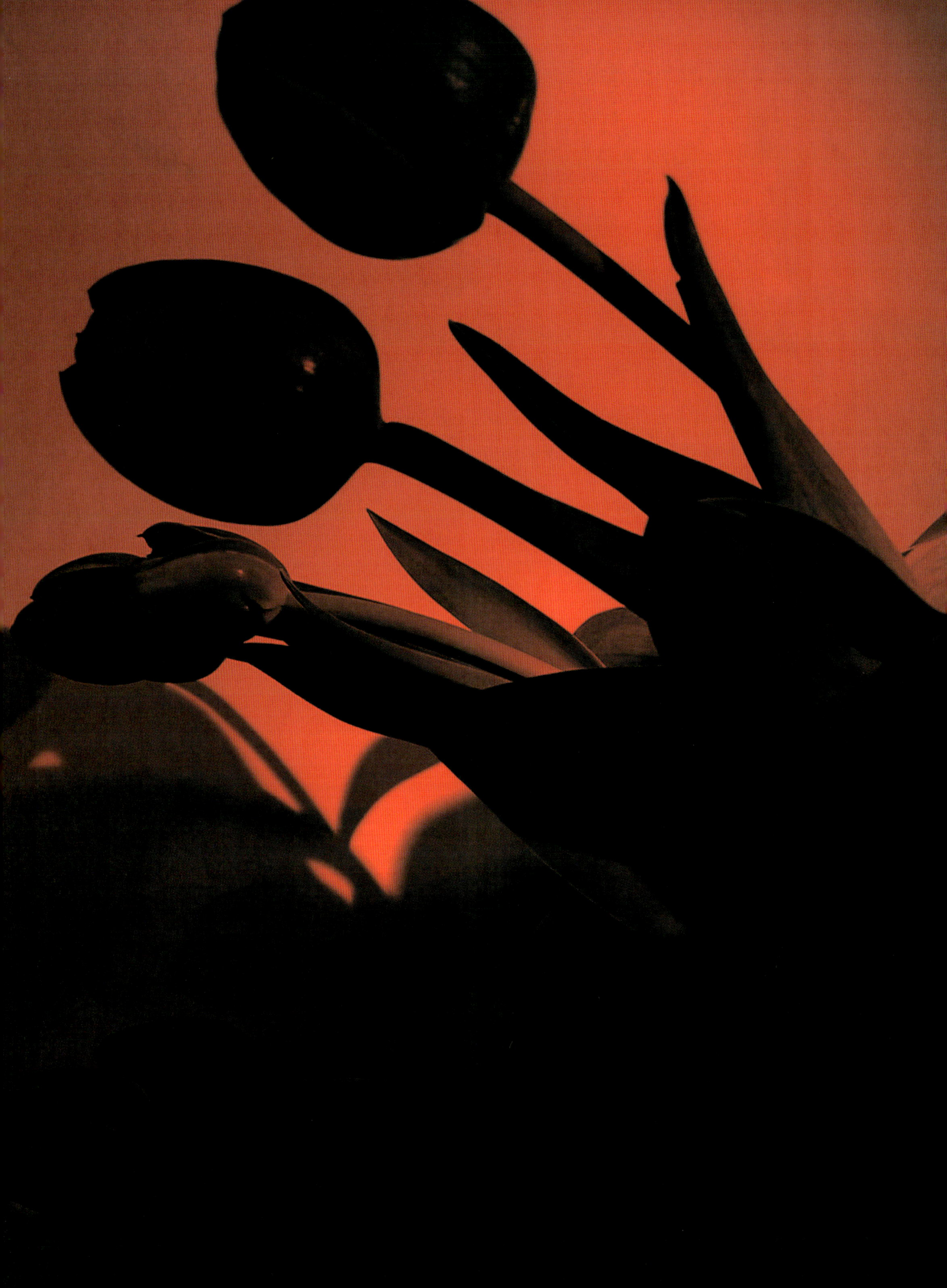

**trasparenza**

tentazione

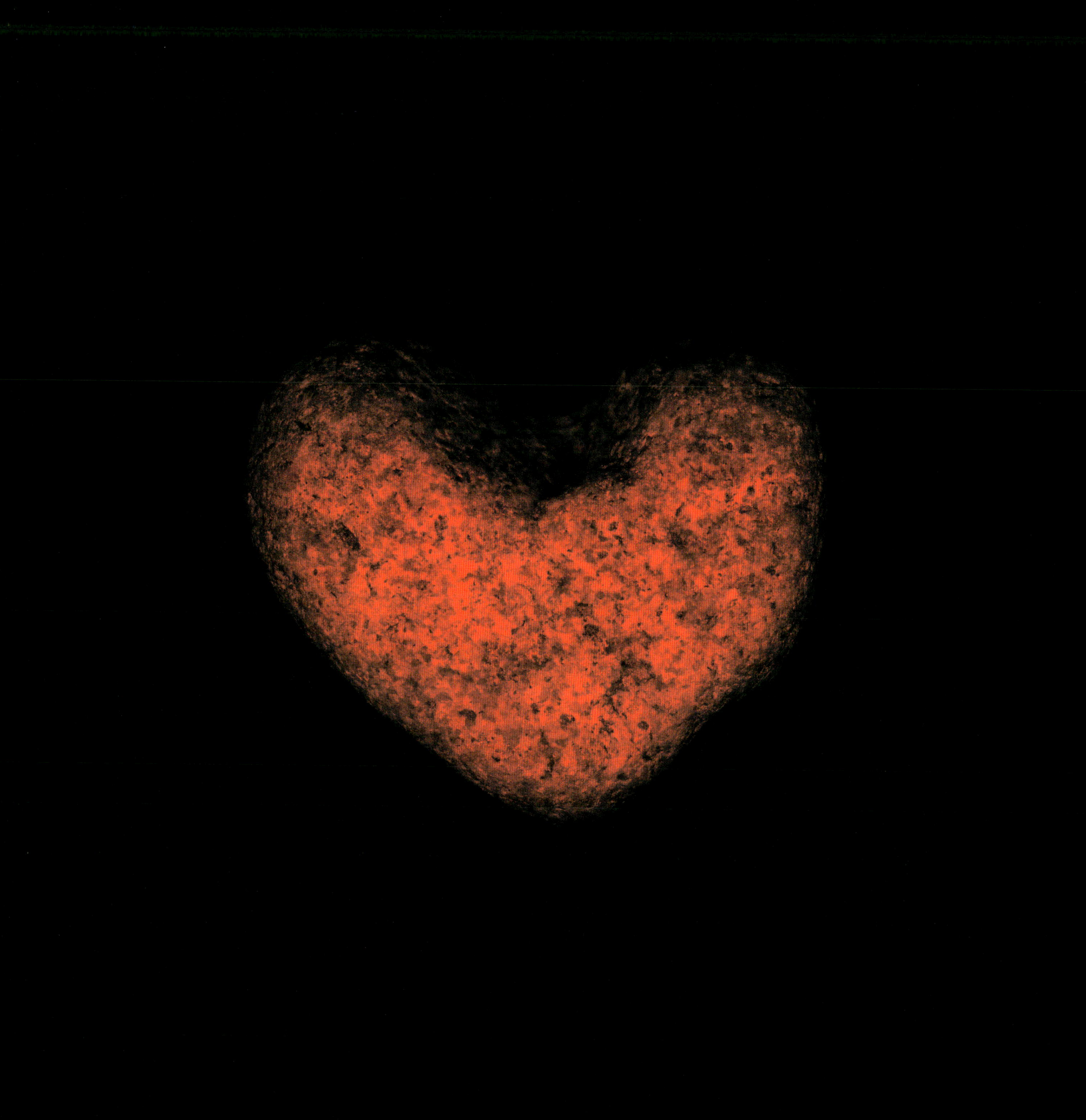

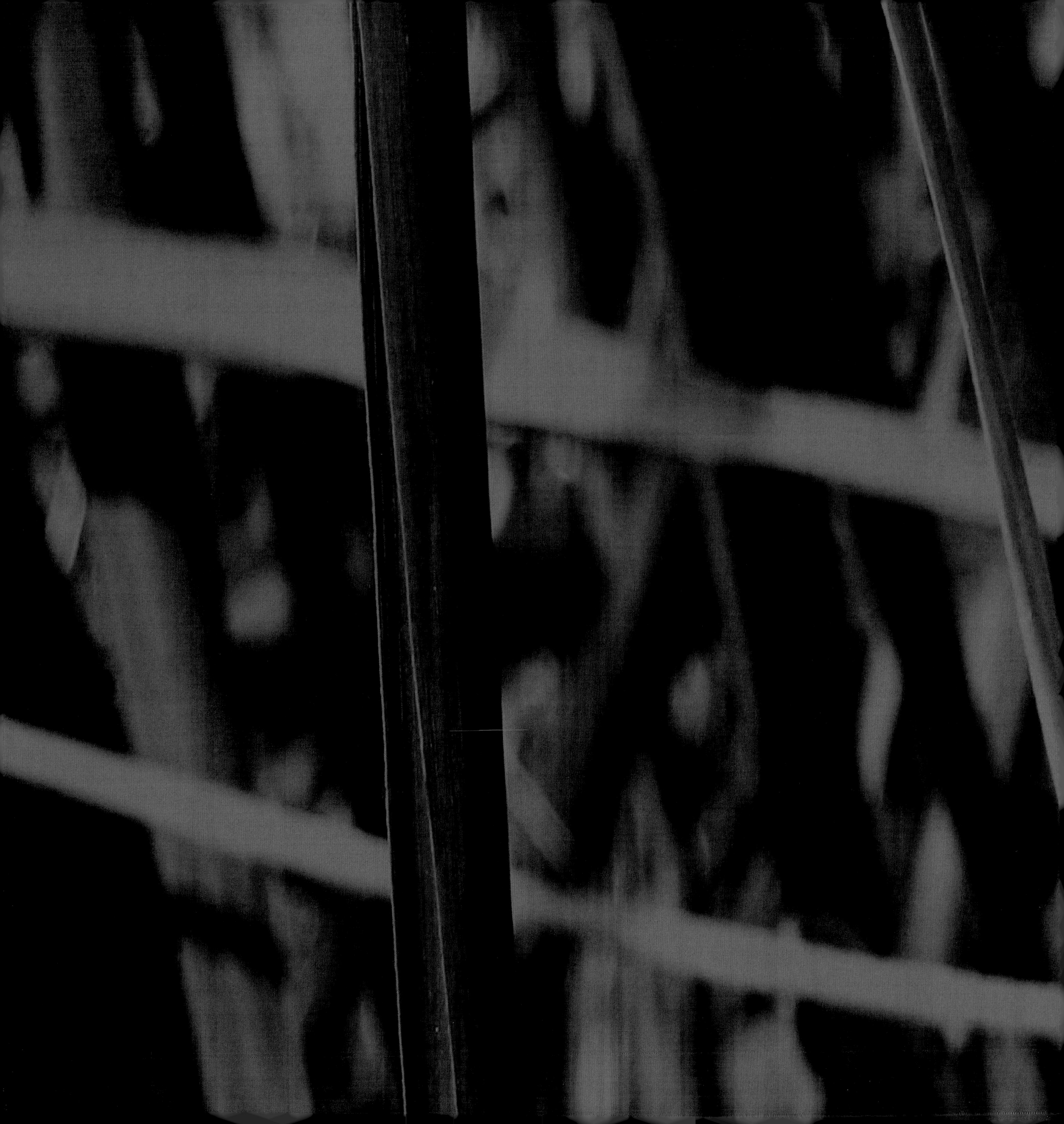

le linee dei miei desideri

le linee dei miei occhi

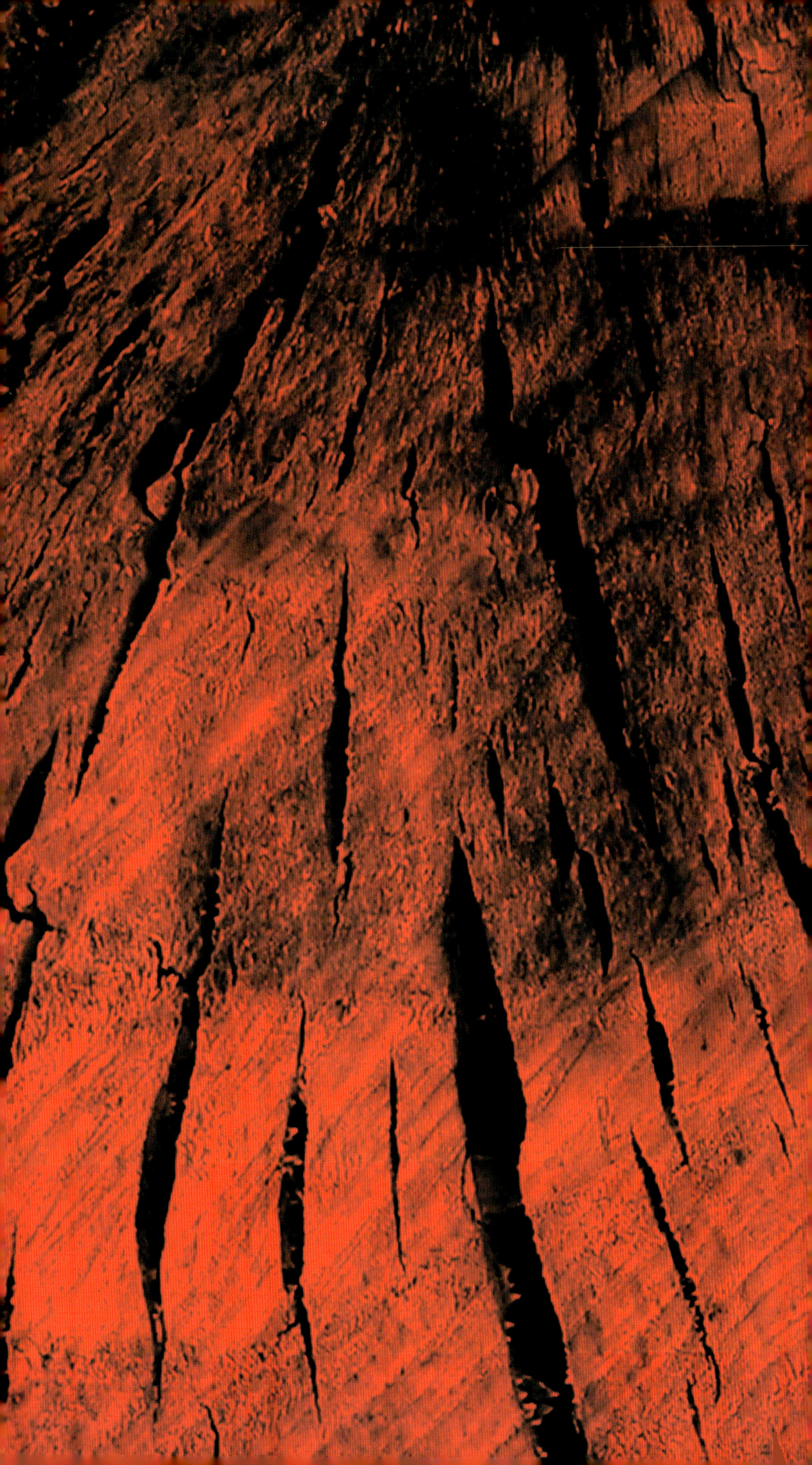

strade

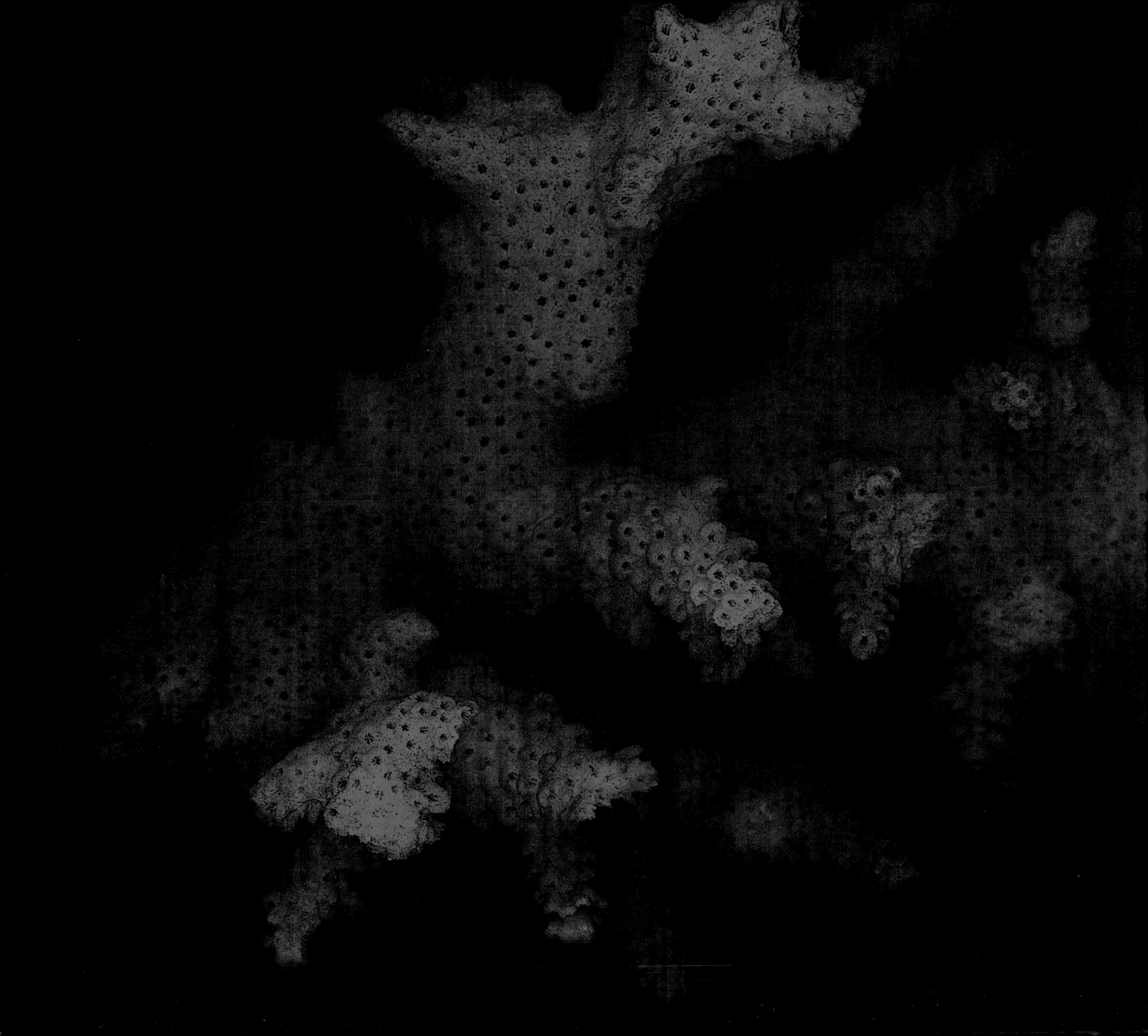

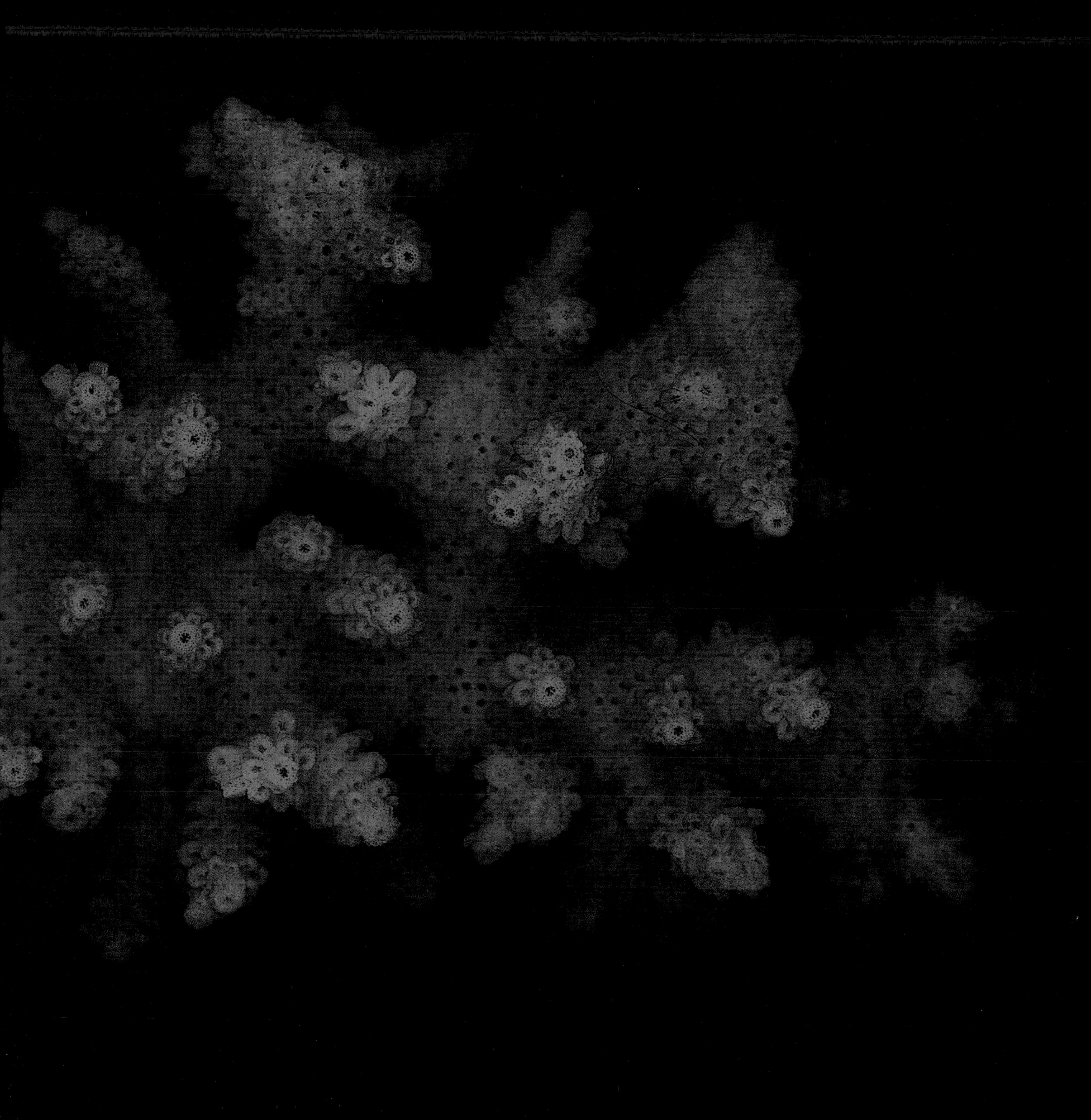

aggressione

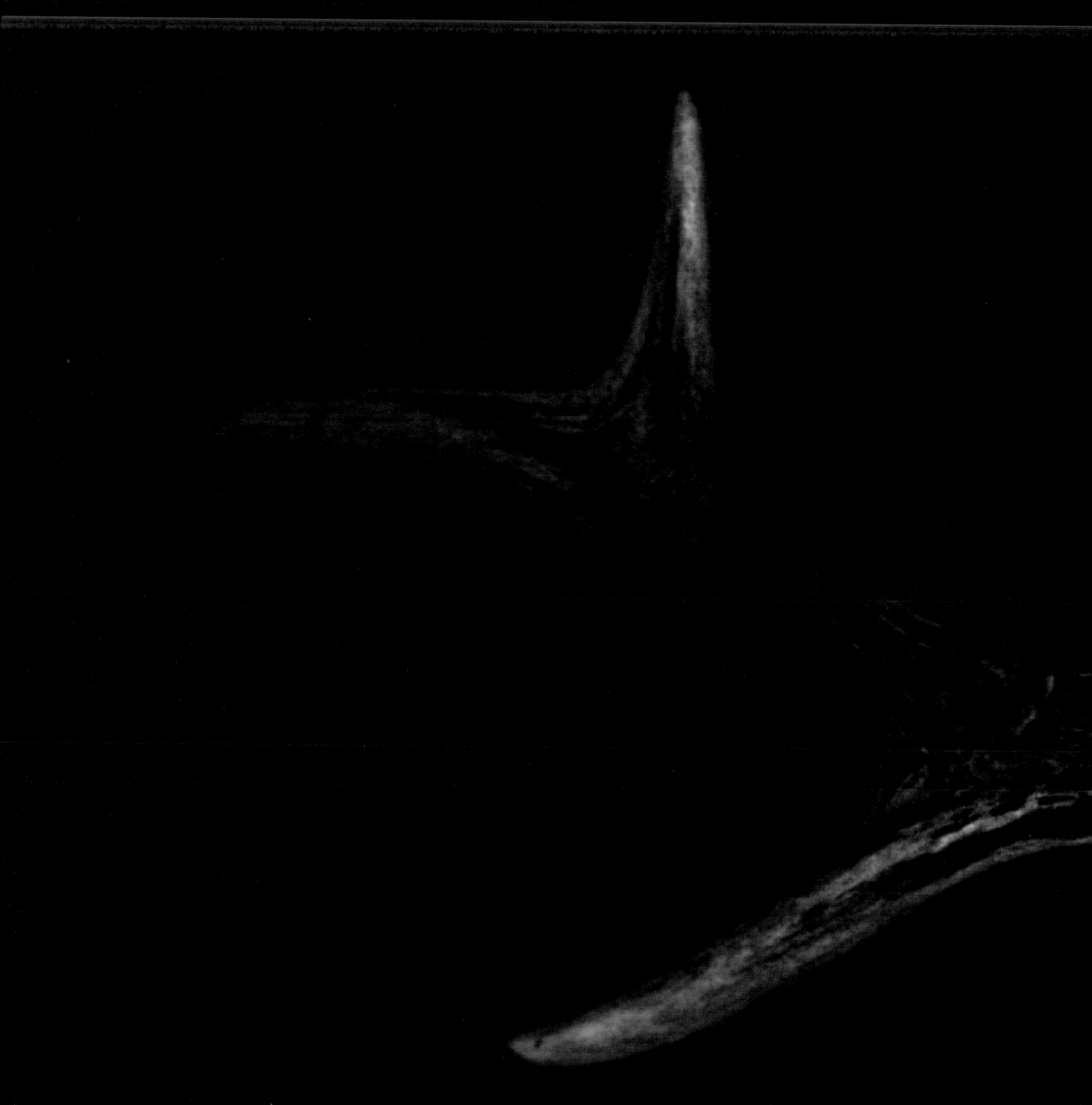

ritorni

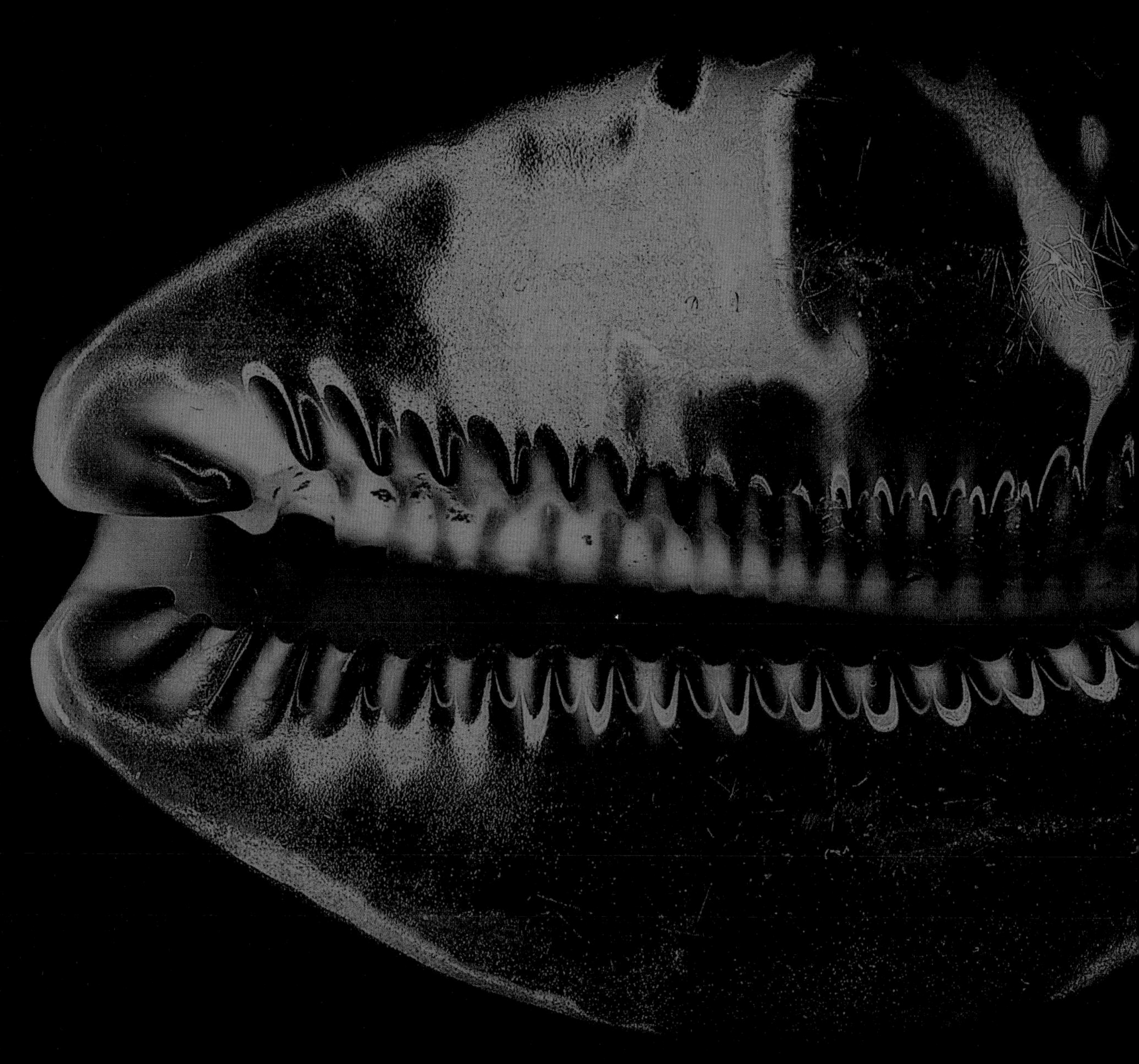

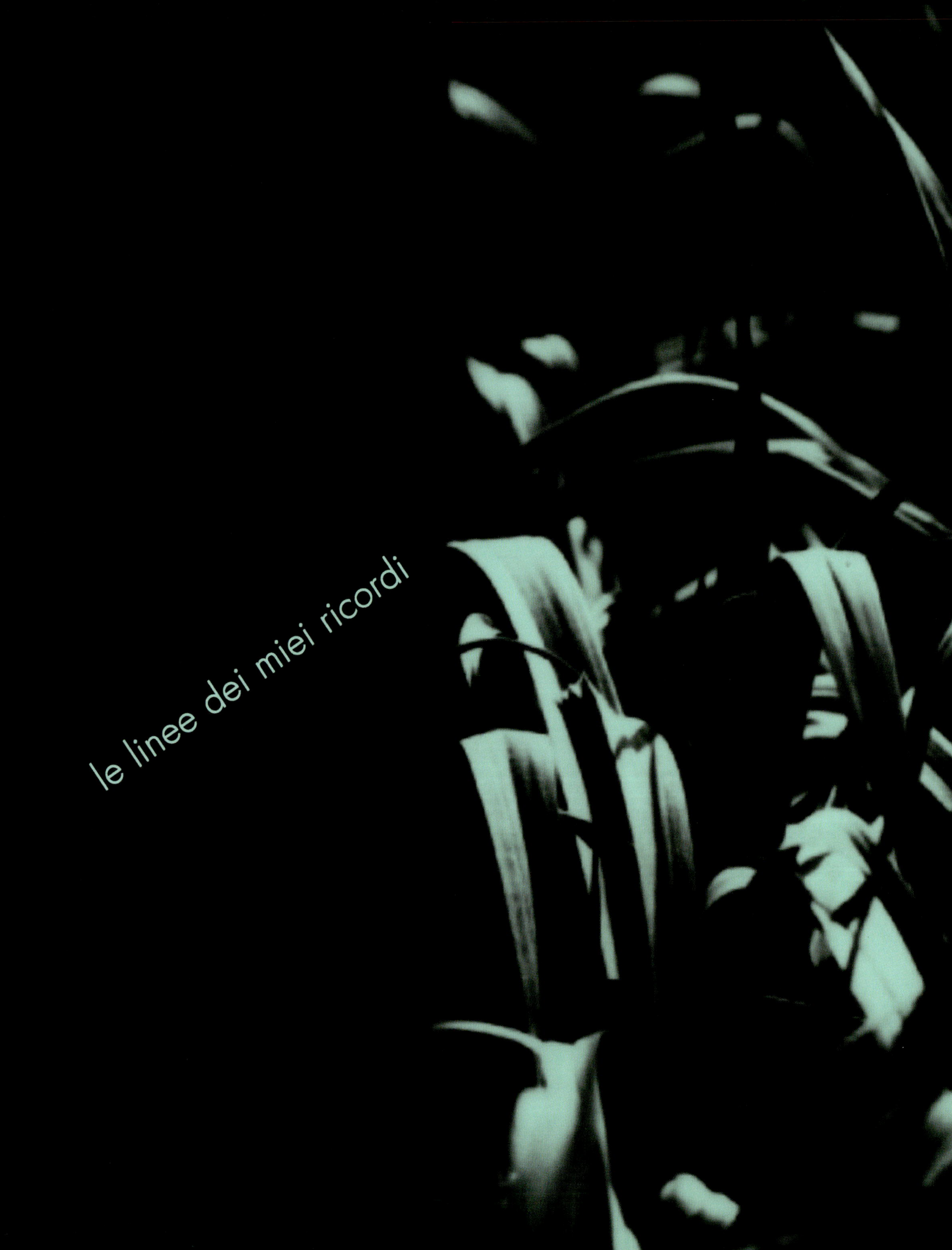
le linee dei miei ricordi

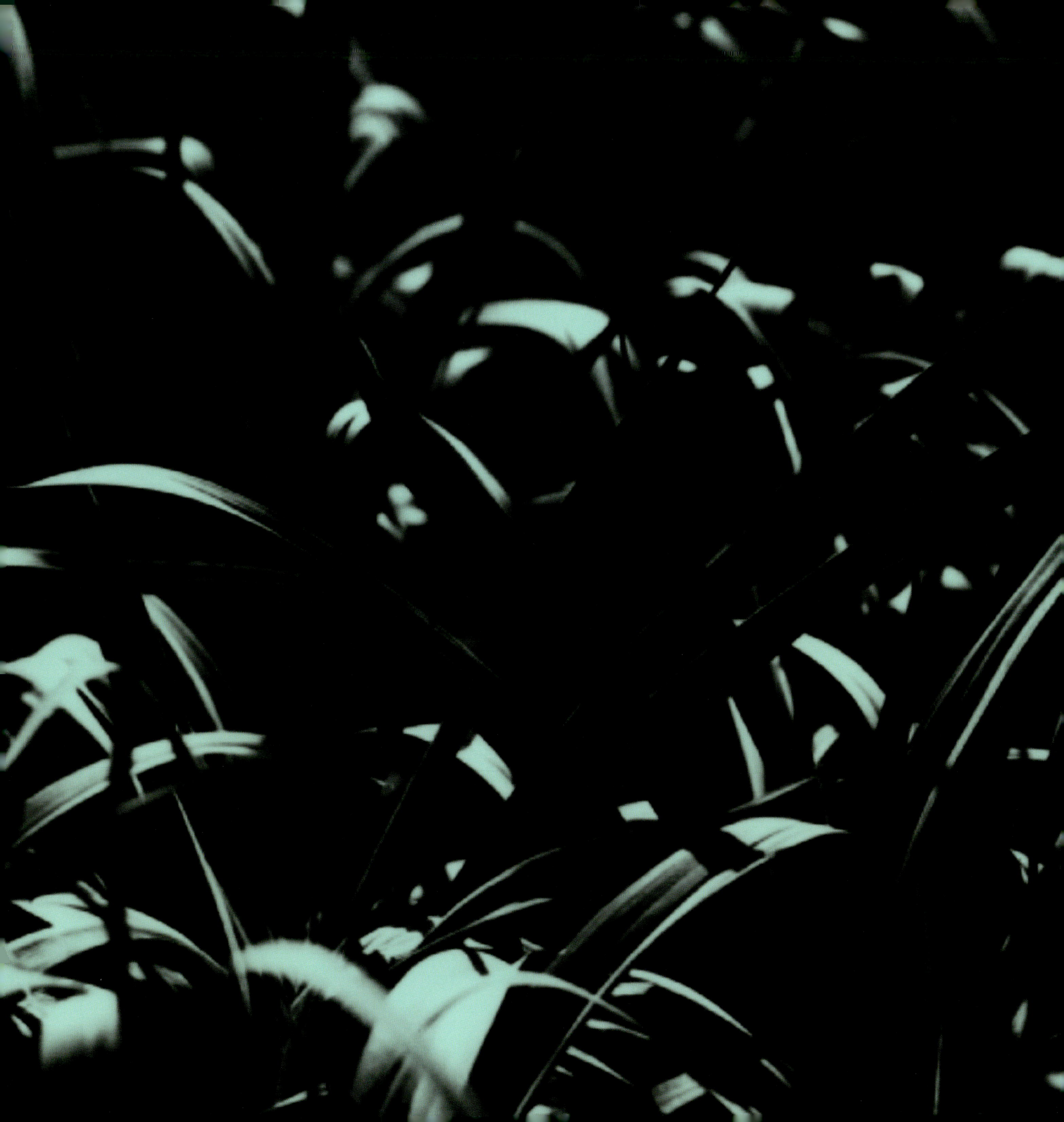

APPARATI / *APPENDIX*

Eye
Creazione
Visione
Suono
Amore
Tracce
Potenza
Eros
Vivere
Cerebrale
Appartenenza
Ieri
Margine
La linea dei miei pensieri
Tempo
Thanatos
Attesa
Linee
Maschere
La luce dentro
Talento
Proporzione
Ascolto
Hotel
Prigione
Paesaggio
Equilibrio
Border line
Fire
Man with yellow  hat
Isolamento
Restituzioni
Trasparenza
Tentazione
Le linee dei miei desideri
Le linee dei miei occhi
Strade
Aggressione
Ritorni
Le linee dei miei ricordi

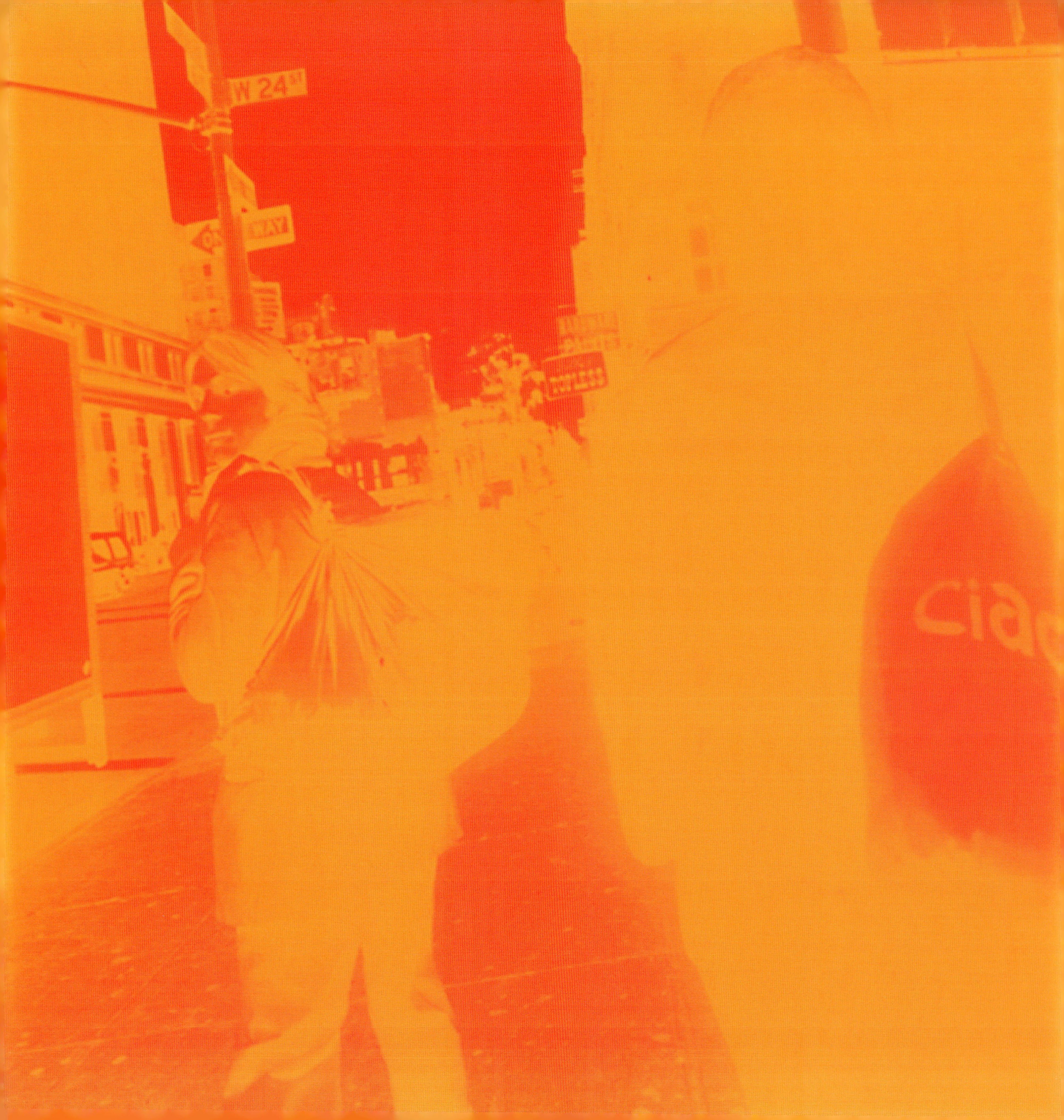
W 24
ONE WAY
Ciao

**Francesco Dondina**

Milano 1961. Graphic designer, ha lavorato per Giorgio Armani, Franco Moschino, Gianfranco Ferré, Krizia, Valentino.

Ha curato l'immagine coordinata di Milano Suono Festival dal 1987 al 1990, in seguito ha collaborato con la Trident Agency nel settore musicale lavorando per artisti italiani e internazionali come Joan Baez, Laurie Anderson, Brian Eno, Joe Cocker, Pino Daniele, Jovanotti, Eros Ramazzotti.

Ha curato l'immagine coordinata di numerose mostre ed eventi per il Comune di Milano fra cui le collezioni permanenti del Castello Sforzesco, *Gli Arazzi Trivulzio* e *Dipinti fiamminghi e olandesi*.

Per Cassina ha curato l'immagine del Salone del Mobile 1994, e nel 1998 la mostra per i trent'anni dello showroom di via Durini a Milano.

Per Fabrizio Ferri ha realizzato l'immagine del gruppo Industria dal 1997 al 2003.

Nel 1999 ha curato la direzione artistica della campagna stampa internazionale Ferragamo.

Per Moreno Gentili ha curato la grafica del libro *Habitat*, Art&, 1995; il libro e l'allestimento della mostra alla Triennale di Milano *Nuovo Mondo, Mondo Nuovo*, Charta,1998.

Nel 1999 ha firmato il sito istituzionale del centenario della Fiat.

Dal 1999 cura l'immagine dei nuovi prodotti delle Boutique Fabriano a Milano, Roma e Torino.

Nel 2000 ha curato il progetto grafico di *Imagine*, l'Art Book l'Oréal.

Per la casa editrice Idea Books ha curato la grafica e la realizzazione editoriale di diversi volumi tra i quali: *Riva, Carlo Mollino, Enrico del Debbio, Le Ville di Lucca*.

Nel 2002 ha curato la grafica delle librerie milanesi Feltrinelli International di piazza Cavour, Feltrinelli Libri e Musica di corso Buenos Aires, e l'immagine coordinata della nuova compagnia aerea Air Industria.

Dal 2003 è art director di Fotografia Italiana, galleria di arte contemporanea.

Nel 2003 ha realizzato il progetto grafico del libro *Vie di Memoria*, di Gianluigi Colin, a cura di Moreno Gentili, Charta, *Milano* e la grafica di allestimento della mostre a Villa Manin di Passariano, alla Galleria Mudima di Milano e al Central Exhibition Hal di San Pietroburgo.

Nel 2003 ha curato l'immagine coordinata della mostra *Piantala*, a cura di Moreno Gentili, presso la N.O. Gallery di Milano.

I suoi lavori sono stati pubblicati su: *Sette, Io Donna, Linea Grafica, Graphis Annual, Espresso, Il sole 24 ore, Diario, Famiglia cristiana*.

Dal 1999 al 2003 ha insegnato Comunicazione visiva presso l'Università dell'Immagine di Milano.

Dal 2003 insegna Basic Communication nel corso di fotografia presso il CFP Riccardo Bauer di Milano.

Dal 2004 insegna Comunicazione visiva presso il Politecnico di Milano, dipartimento Disegno industriale. Vive e lavora a Milano.

Mostre
1990: *Ritratti di animali* (personale), Galleria-Libreria Milano Libri.
1991: *Ritratti di animali* (collettiva), AD Gallery Milano.
2002: *Mouse pad d'autore* (collettiva), Tucano Gallery.
2003: *365 N.O.* (collettiva), N.O. Gallery, Milano.
2004: *Stand by memory* (collettiva). Chiostri dell'Umanitaria, Milano.

---

Milan 1961. He is a graphic designer and has worked for Giorgio Armani, Franco Moschino, Gianfranco Ferré, Krizia, and Valentino.

He was responsible for the overall image of the Milan Sound Festival from 1987 to 1990. He then worked with the Trident Agency in the music sector, for Italian and international artists such as Joan Baez, Laurie Anderson, Brian Eno, Joe Cocker, Pino Daniele, Jovanotti, and Eros Ramazzotti.

He has coordinated the overall image of numerous exhibitions and events for the Municipality of Milan, including the Castello Sforzesco's permanent collections of the Trivulzio Tapestries and Flemish and Dutch Paintings.

For Cassina he was responsible for the image of the 1994 Salone del Mobile and the exhibition in 1998 to celebrate the thirtieth anniversary of the showroom on Via Durini in Milan.

He created the image of the Industria group for Fabrizio Ferri from 1997 to 2003.

In 1999 he was Art Director of the Ferragamo international press campaign.

For Moreno Gentili he designed the book *Habitat—viaggio sociale* (Art&, 1995) as well as the catalogue and the Milan Triennale exhibition *Nuovo Mondo, Mondo Nuovo* (Charta, 1998).

In 1999 he designed the institutional setting for the FIAT Centenary.

Since 1999 he has been responsible for new product images for Boutique Fabriano in Milan, Rome, and Turin.

In 2000 he was in charge of the graphic project I*magine*, Art Book L'Oréal.

He has been responsible for the graphic design and production of various publications for Idea Books, including *Riva, Carlo Mollino, Enrico del Debbio*, and *Le Ville di Lucca*.

In 2002 he did the graphic design for the new Libreria Feltrinelli International in Piazza Cavour and for Feltrinelli Libri e Musica on Corso Buenos Aires in Milan, and was responsible for the overall image of the new airline Air Industria.

Since 2003 he has been Art Director of the contemporary art gallery Fotografia Italiana.

In 2003 he designed Gianluigi Colin's book *Vie di memoria* (ed. Moreno Gentili, Charta) and graphic material for exhibitions at Villa Manin in Passariano, the Galleria Mudima in Milan, and the Central Exhibition Hall in St. Petersburg.

In 2003 he was responsible for the overall image of the exhibition Piantala!, curated by Moreno Gentili, at the N.O. Gallery in Milan.

His work has been published in *Sette, Io Donna, Linea Grafica, Graphis Annual, Espresso, Sole 24 Ore, Diario, Famiglia cristiana*.

From 1999 to 2003 he taught Visual Communication at the Università dell'Immagine.

Since 2003 he has taught Basic Communication in the Photography course at the Riccardo Bauer Professional Training Center in Milan.

Since 2004 he has taught Visual Communication at the Industrial Design Department of the Politecnico di Milano. He lives and works in Milan.

Exhibitions
1990: Galleria-Libreria Milano Libri, Milan, *Ritratti di animali* (solo)
1991: AD Gallery, Milan, *Ritratti di animali* (group)
2002: Tucano Gallery, Milan, *Mouse pad d'autore* (group)
2003: N.O. Gallery, Milan, *365 NO* (group)
2004: Chiostri dell'Umanitaria, Milan, *Stand-by memory* (group)

**Moreno Gentili** Como 1960. Autore multimediale e concept designer di nuovi linguaggi per l'immagine d'impresa.

Si occupa di cultura della comunicazione, progetti editoriali, eventi multimediali con applicazione di video e fotografia.

Ha realizzato concept e progetti di immagine per Bracco, Festivaletteratura di Mantova, Touring Club Italiano, AEM, Trabaldo Togna, Toroc, Snam, Snia, Triennale di Milano, Altissima di Torino, Tele+, Cosmit, Ratti, NO Gallery, Spin, AGF-Udine.

Ha pubblicato diversi volumi tra cui *Rivedute Veneziane*, Idea Books, 1993; *Habitat*, Art&, 1995; *Nuovo Mondo, Mondo Nuovo*, Charta, 1998; *Crossings* (cd-rom), Charta, 1999; *In linea d'aria*, Feltrinelli, 1999; NYC, *New York Revisited*, Charta, 2001; *A passo d'uomo*, a cura di Manuela Zanelli, Gonzaga, 2003.

Ha curato volumi tra cui *Petit Tour*, Agorà, 1992; *Forma: visioni e visione*, Arti Grafiche Friulane, 1995; *Humana*, Art&, 1996; *Un giorno di carta*, Corriere della sera, 1998; *DNA: dare, negare, avere*, Bevilacqua La Masa, 1998; *Artificial*, Fabbrica eos, 1999; *EOS: essere, osservare, sostenere*, Comune di Milano, 2000; *Ettore Sottsass: paesaggio contemporaneo*, 2000; *Vie di memoria*, Charta, 2002. *Piantala!*, NO Gallery, 2003; *Stand By Memory*, Charta e Umanitaria, 2003; *Sguardo nomade*, Archinto, 2004; *Europe Terminal*, Charta, 2004; *Do Not Cross*, Illycaffè, 2004.

Ha ottenuto diversi riconoscimenti internazionali per l'immagine quali il premio "Vincenzo Carrese" nel 1987, il premio "Franco Pinna" nel 1992, il premio europeo "Monumedia" nel 1999, il premio internazionale "Mosaique" nel 2002. Vive e lavora a Milano.

Como 1960. Multimedia author and concept designer of new languages for the corporate image. He is engaged in communications culture, publishing projects, and multimedia events with video and photographic applications.

He has produced concept and image designs for Bracco, Festivaletteratura di Mantova, Touring Club Italiano, AEM, Trabaldo Togna, TOROC, SNAM, SNIA, Milan Triennale, Altissima di Torino, Tele+, COSMIT, Ratti, N.O. Gallery, Spin, AGF-Udine.

He has published various books including *Rivedute Veneziane* (Idea Books, 1993), *Habitat* (Art&, 1995), *Nuovo Mondo, Mondo Nuovo* (Charta, 1998), *Crossings* (CD-ROM) (Charta, 1999), *In linea d'aria* (Feltrinelli, 1999), *NYC, New York Revisited* (Charta, 2001), *A passo d'uomo* (ed. Manuela Zanelli, Gonzaga, 2003). The books he has edited include *Petit Tour* (Agorà, 1992), *Forma: Visioni e visione* (Arti Grafiche Friulane, 1995), *Humana* (Art&, 1996), *Un giorno di carta* (Corriere della sera, 1998), *DNA: dare, negare, avere* (Bevilacqua La Masa, 1998), *Artificial* (Fabbrica eos, 1999), *EOS: essere, osservare, sostenere* (Comune di Milano, 2000), *Ettore Sottsass: paesaggio contemporaneo* (Accademia Ligustica di Belle Arti, Genoa, 2000), *Vie di memoria* (Charta, 2002), *Piantala!* (N.O. Gallery, 2003), *Stand-by memory* (Charta and Umanitaria, 2003), *Sguardo nomade* (Archinto, 2004), *Europe Terminal* (Charta, 2004), *Do Not Cross* (Illycaffè, 2004). He has received various image awards, such as the Vincenzo Carrese Prize in 1987, the Franco Pinna Prize in 1992, the European Monumedia Prize in 1999, and the Mosaïque International Award in 2002. He lives and works in Milan.

**RINGRAZIAMENTI / ACKNOWLEDGMENTS**

Questo lavoro non sarebbe stato possibile senza la tenace e stimolante operosità di Moreno Gentili, "compagno di cordata" e amico generoso che desidero ringraziare per primo. Grazie a Massimo Pitis per il suo contributo. A Rossella Cominotti, tutto il mio affetto per avermi sopportato "prima e dopo". Alcune delle immagini contenute in questo volume nascono da sue "riprese" perchè con lei condivido le mie visioni. Ringrazio di cuore Anna Corno che mi sta accanto da tanti anni e la cui vicinanza è per me sinonimo di qualità del lavoro, i suoi consigli e il suo occhio sono stati determinanti nei momenti difficili delle scelte. A lei la mia stima e la mia riconoscenza. Grazie a Diana Quarti e a Diana Moretti per il contributo importante nelle fasi più delicate. Ringrazio Giuseppe Liverani, editore di Charta, per aver creduto in questo progetto e Gino e Viviana Di Maggio, della Fondazione Mudima. Un ringraziamento particolare a Mauro Dominici e alle Arti Grafiche Friulane per l'alta qualità e la cura che, ancora una volta, hanno dimostrato nel valorizzare il mio lavoro.
Desidero dedicare un pensiero speciale e un saluto agli amici che in questi anni mi hanno aiutato a crescere e mi hanno sostenuto nel lavoro: Fabrizio Ferri, Roberta Valtorta, Davide Besana, Pio Tarantini, Fabio Castelli, Nicoletta Rusconi, Gianluigi Colin, Giovanna Giannattasio, Beba, Chicca e Giancarlo Naj Oleari, Pamela Converso, Paola Calvetti, Paola Goretti, Tania Gianesin, Susanna Legrenzi, Aimara Garlaschelli, Orio, Filippo Passigli, Ludovica Candiani, Salvatore Giannone, Mara Campana, Marina Mojana, Letizia Cariello, Lula Ferrari, Marco Bay, Giuseppe Raboni, Marco Zanuso jr, Franco Cassina, Margherita Motto, Donatella Domaschio, Ilaria Barbieri Marchi, Andrea Lauretta, Federica Mossetti, Luigi Bussolati, Luisa Ronchi, Giorgio Bocca e Silvia Giacomoni, Guido Besana Nicoletta Bocca, Luca Aldomoreschi, Alberto Momigliano, Francesco Cella, Giovanni Gimpel, Elena e Marco Merati, Paola Maestri. A mio padre e a mia madre.
Ai miei maestri Bruno Munari, AG Fronzoni e Albe Steiner. Fantasia, rigore e responsabilità.


This work would not have been possible without the tenacious and stimulating activity of Moreno Gentili, my close collaborator and generous friend, whom I wish to thank first of all. I am grateful to Massimo Pitis for his contribution. And to Rossella Cominotti, all my affection for putting up with me "before and afterwards." Some of the images in this book come from her "retakes," because I share with her what I see. I am deeply grateful to Anna Corno, who has worked alongside me for many years and whose presence is for me a synonym of quality; her advice and her eye were decisive when it came to making difficult choices. She has my esteem and my gratitude. My thanks to Diana Quarti and Diana Moretti for their important contribution in the most delicate stages. I am grateful to Giuseppe Liverani, the publisher of Charta, for having believed in this project, and to Gino and Viviana Di Maggio of the Fondazione Mudima. A special thank-you to Mauro Dominici and Arti Grafiche Friulane for the high quality and care that they have demonstrated once again in showing my work at its best.
I would like to dedicate a special thought and greeting to the friends who, over the years, have helped me to grow and have supported me in my work: Fabrizio Ferri, Roberta Valtorta, Davide Besana, Pio Tarantini, Fabio Castelli, Nicoletta Rusconi, Gianluigi Colin, Giovanna Giannattasio, Beba, Chicca and Giancarlo Naj Oleari, Pamela Converso, Paola Calvetti, Paola Goretti, Tania Gianesin, Susanna Legrenzi, Aimara Garlaschelli, Orio, Filippo Passigli, Ludovica Candiani, Salvatore Giannone, Mara Campana, Marina Mojana, Letizia Cariello, Lula Ferrari, Marco Bay, Giuseppe Raboni, Marco Zanuso jr, Franco Cassina, Margherita Motto, Donatella Domaschio, Ilaria Barbieri Marchi, Andrea Lauretta, Federica Mossetti, Luigi Bussolati, Luisa Ronchi, Giorgio Bocca and Silvia Giacomoni, Guido Besana Nicoletta Bocca, Luca Aldomoreschi, Alberto Momigliano, Francesco Cella, and Giovanni Gimpel, Elena and Marco Merati, Paola Maestri. To my father and my mother.
To my mentors, Bruno Munari, A.G. Fronzoni, and Albe Steiner. Imagination, strictness, and responsibility.

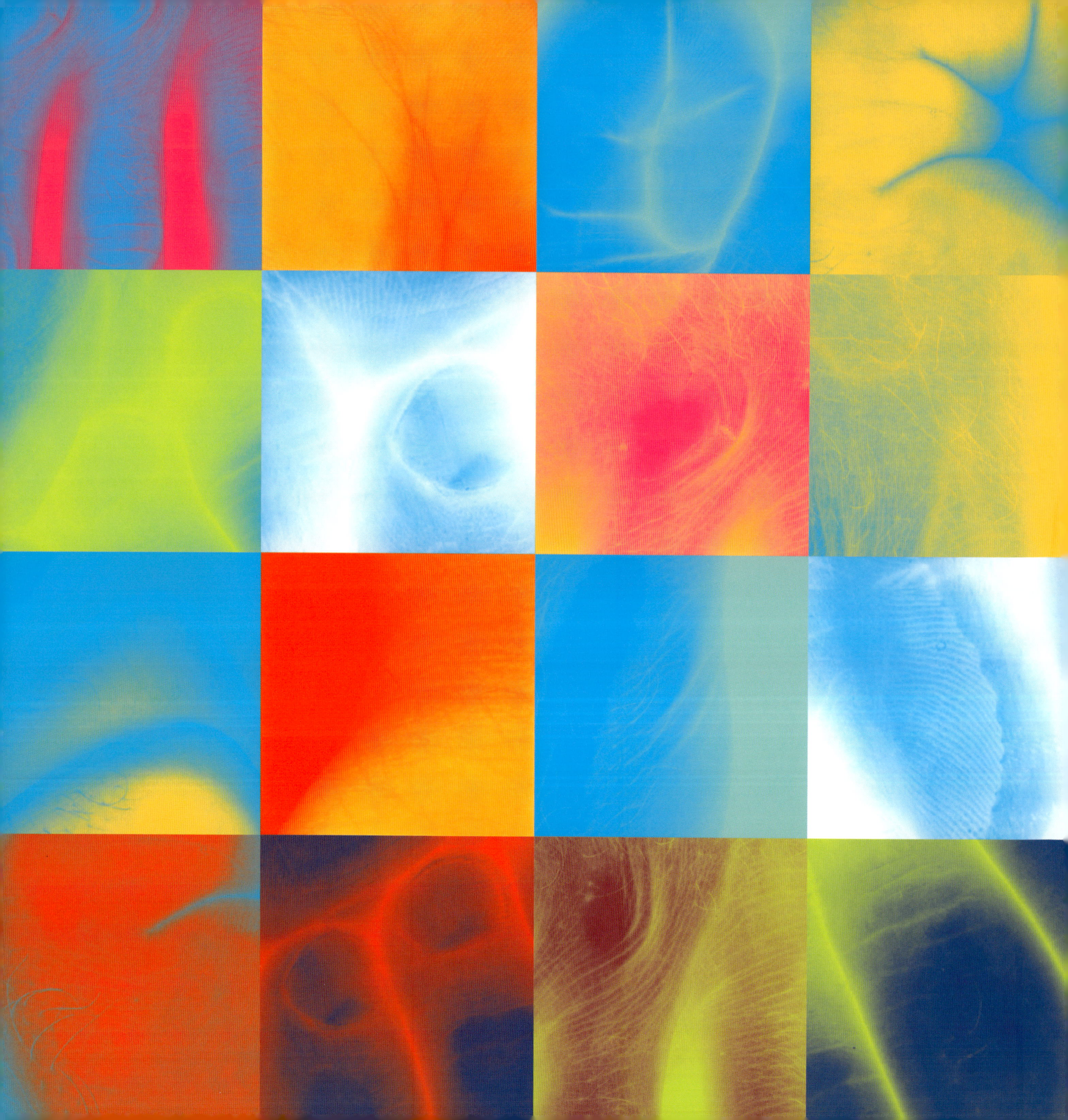

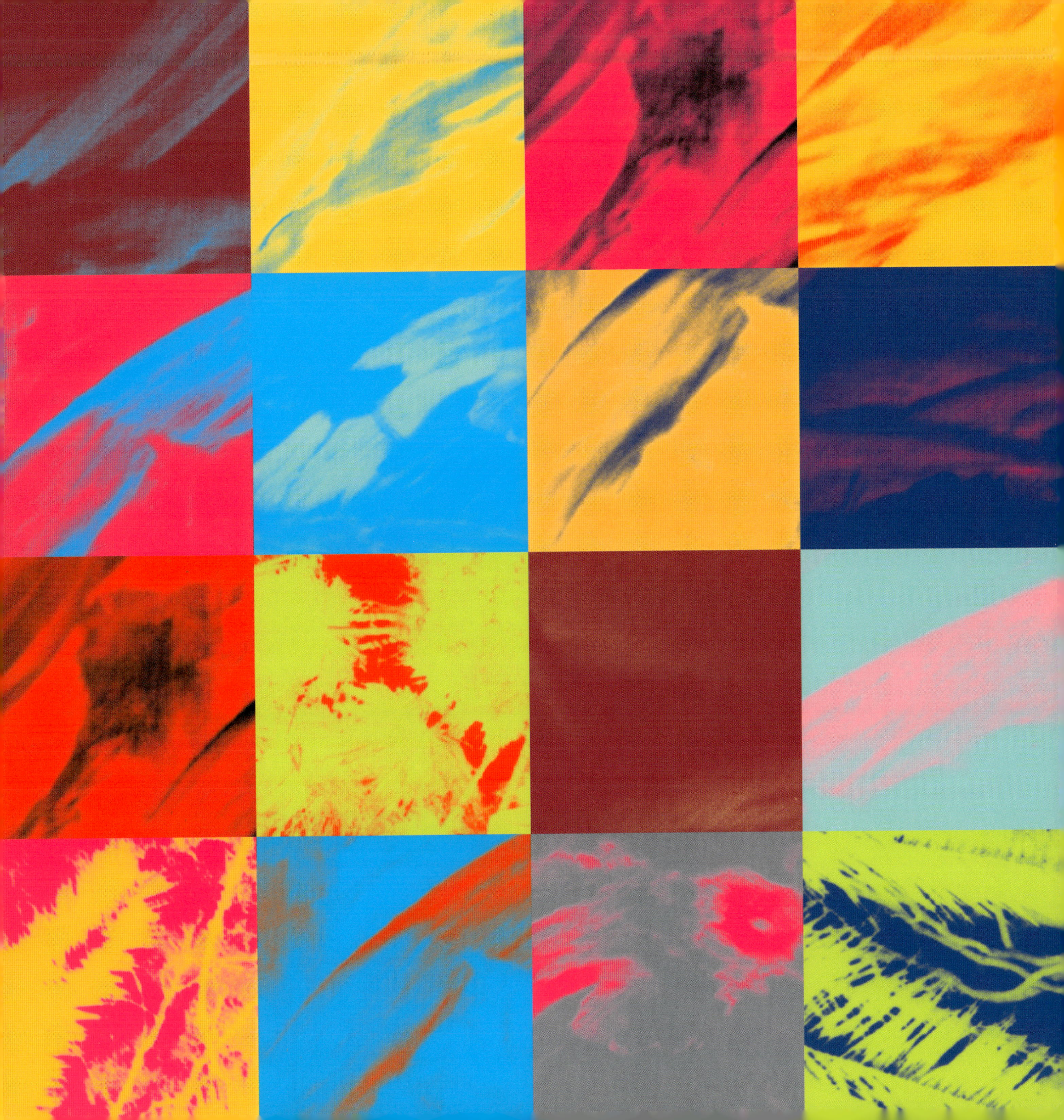

Finito di stampare nell'aprile 2005
da **Arti Grafiche Friulane S.p.A.** – Industria della comunicazione
www.agf.it_Tavagnacco_Udine